Andrea Schwarz / Angelo Stipinovich
Wenn der Tod zum Leben wird

2004

Neue Ideen für Gottesdienste und Gemeindefeiern
in der Fasten- und Osterzeit

Andrea Schwarz / Angelo Stipinovich

Wenn der Tod zum Leben wird

HERDER

FREIBURG · BASEL · WIEN

Natürlich
könnten wir
dieses Buch
ganz vielen Menschen
widmen,
die uns und unsere Arbeit
unterstützen,
aber drei möchten wir doch
namentlich erwähnen:
Harald Poggel
als Freund und Priester
und
Sr. Mathilde und Sr. Silvia
vom »Haus des Lebens«
hier in Viernheim.
Miteinander
können wir lachen, beten,
feiern, schweigen, zupacken,

und uns gegenseitig
erinnern und ermutigen

(durchaus im Sinn von Sir 6,14-17)

Angelo und Andrea

Alle Rechte vorbehalten – Printed in Germany
© Verlag Herder Freiburg im Breisgau 2002
www.herder.de
Umschlaggestaltung: Finken & Bumiller, Stuttgart
Umschlagmotiv: Benedict Schmitz (KIM, Ingolstadt)
Herstellung: Freiburger Graphische Betriebe 2002
www.fgb.de
Gedruckt auf umweltfreundlichem,
chlorfrei gebleichtem Papier
ISBN 3-451-27708-5

INHALT

gut für Arbeit
→ gut f. weiteres

EINFÜHRUNG

*Der Sinn von Ostern ist die Befreiung von der Zwangsgewalt
der Schuld und vom Wiederholungszwang des Bösen.
Ostern eröffnet die grenzenüberschreitende Freiheit
zum Spiel der neuen Schöpfung.
Das ist möglich und sinnvoll, weil es eine Hölle
und eine Hoffnungslosigkeit gibt,
die durch Christi Tod ein für allemal überwunden
und für die Befreiten zur Vergangenheit gemacht ist.
Darum gehört das Kreuz Christi nicht in das Spiel selbst,
aber es macht das neue Spiel der Freiheit möglich.
Er litt, damit wir wieder lachen können.
Er starb, damit wir befreit leben sollen.
Er fuhr in die Hölle der Verlassenheit, um uns den Himmel
der Freiheit zu öffnen.
Er wurde zum Sklaven der Versklavten,
zum Knecht der Geknechteten,
damit diese zu freien Herren aller Dinge würden.
Jürgen Moltmann*

Lieber Leser, liebe Leserin,
dieser Text von Jürgen Moltmann beschreibt gut, was uns Ostern und all das, was wir im Umfeld dieses Festes liturgisch feiern, so wichtig macht: Den Himmel der Freiheit öffnen! Ostern ist eben nicht nur ein nettes und schönes Fest, das in unseren Breiten ganz gut mit dem Frühling zusammenpasst, sondern Ostern ist das Fest der Grenzüberschreitung, das Fest, aufgrund dessen wir uns mit unseren Grenzen nicht mehr zufrieden geben müssen, das Fest, das den Himmel der Freiheit öffnet!

Mit Ostern steht das Tor zum Himmel offen – und das, ohne die Erde mit all ihrem Irdischen zu verleugnen. Die Botschaft Christi tröstet Tod und Tränen, Leid und Last nicht weg, sondern nimmt sie an, nimmt sie auf sich, um sie in Leben und Licht, Freude und Hoffnung zu (ver-)wandeln. Aus Tod wird Leben!

Und genau das ist das unsagbar Befreiende dieses Festes: Es ist so abgrundtief ehrlich mit den Erfahrungen des Scheiterns und des Todes! Es redet sie nicht einfach schön, es verharmlost nichts, es ist nicht nett. Christus, Gottes Sohn, wird brutalst von den Menschen hingerichtet. Und genau das ist die Wirklichkeit und die Realität, auch heute, zweitausend Jahre später, im großen wie im kleinen. Da steuern von Hass verblendete Menschen Flugzeuge in die Türme des World Trade Centers mit keinem anderen Ziel als dem der Vernichtung, da bekämpfen sich Israelis und Palästinenser im Kampf um ihre Heimat, da bewerfen sich Katholiken und Protestanten in Nordirland mit Steinen und legen Bomben. Aber auch: Da machen sich Ehepaare gegenseitig das Leben zur Hölle, da werden Kinder sexuell missbraucht und getötet, da werden Frauen als Prostituierte verkauft.

Karfreitag? Das war nicht nur damals – das ist heute und jetzt und hier.

Und da entlarvt sich die Strategie des »Positiven Denkens« in Sinne von Dale Carnegie und Joe Murphy als absolute Verdummung, wenn sie behauptet, man müsse nur lange genug »positiv denken«, um mit solchen Situationen gut umgehen zu können. Ich kann und will in solchen Situationen nicht »positiv denken«! Ich will schreien und klagen und weinen! Das ist Karfreitag – meine Hoffnungen verraten, meine Träume ermordet, die Liebe ans Kreuz geschlagen!

Und genau das ist unsere menschliche Realität …

Wir sind verletzt, verwundet, gebrochen …

Und da ist ein Gott, der sich nicht abseits hält. Der nicht als großer Herrscher auf irgendeinem Thron all dem zuschaut, was wir Menschen da erleiden, sondern der sich hineinbegibt, mitten hinein … mitten hinein in das Chaos, den Dreck, den Unverstand, das Leiden, die Tränen, das Schreien – den Tod. Das ist ein Gott, der Partei nimmt für uns Menschen, indem er sich uns zugesellt dort, wo es uns am dreckigsten geht.

Gott kann und wird das Leid nicht aus unserem Leben nehmen – und das hat er uns auch nie versprochen. Er sammelt unsere Tränen in seinem Krug, aber er kann nicht verhindern, dass wir weinen. Der Tod, unsere Grenzen im menschlichen Miteinander, Krankheit, gehören zum menschlichen Leben dazu. Wenn es sie nicht mehr gäbe, wären wir wie Gott – und wenn wir meinen, Herr über all das zu sein, dann maßen wir uns an, sein zu wollen wie Gott.

Der Versuch ist schon einmal gescheitert.

Wenn wir zu Gott schreien, weil wir es einfach nicht mehr aushalten können vor Schmerz, dann weiß er, weshalb wir schreien – weil Jesus Christus sich selbst in all dieses Chaos hineinbegeben hat, weil Jesus Christus selbst am Kreuz geschrieen hat.

Karfreitag …

Gott selbst stürzt sich in die abgrundtiefen Verlorenheiten unseres Mensch-Seins hinein – um uns gerade da nicht allein zu lassen, wo wir meinen, wir wären von Gott und der Welt verlassen. Hinabgestiegen in das Reich des Todes, heruntergekommen in unser dunkelstes Dunkel.

Und immer dann und dort, wo sich Gott so mit den Menschen verbündet, steht die Welt einen Moment still und hält den Atem an – in den höchsten Höhen, in den tiefsten Tiefen.

Karsamstag …

Und dann wächst aus dem Dunkel ein Licht. Ein Feuer, das erbärmlich genug wärmt und leuchtet, an dem man sich, ein wenig verfroren und müde trifft, immerhin, nicht mehr so ganz allein in aller Verlorenheit.

Und da ist ein Wort, das mitten im Tod vom Leben erzählt, da ist eine Flamme, die weitergegeben wird, Texte, die von Befreiung sprechen, da ist Erinnerung, die Ermutigung will, da regt und bewegt sich was, da bricht was auf …

Ostern …

Das Leben ist stärker als der Tod, das Leid wird verwandelt, ein Gott, der mit uns geht, dem Leben entgegen.

Nein – es ist nicht zu verstehen. Es entzieht sich dem rationalen Denken. Man kann es nicht erklären.

Es ist …

Manchmal, da können wir etwas davon erahnen. Da spüren wir, dass das Leben, allem Tod zum Trotz, die Oberhand behält. Und immer dann geschieht Ostern – und dann öffnet sich der Himmel der Freiheit …

Um genau diese Grunderfahrung des Menschen auch miteinander zu feiern, hat die Kirche vielfältigste Formen entwickelt: Aschermittwoch und vierzigtägige Bußzeit, die drei österlichen Tage, der Osterfestkreis, der mit dem Pfingstfest und dem Kommen des Heiligen Geistes beschlossen wird, der uns dann wieder in die »Normalität« des Alltags begleitet.

Diejenigen, die diesen Formen und Feiern vorstehen, sie vorbereiten, anderen von diesen Erfahrungen erzählen wollen oder sollen, tun sich damit nicht immer leicht. Mag sein, dass sie vielleicht noch persönlich in ihrem Karfreitag verstrickt sind, mag sein, dass die Fülle der pastoralen Aufgaben manchmal müde macht, mag sein, dass die Zeit für kreative Ideen nicht ausreicht. Das ist manchmal einfach so – und nicht zuletzt deshalb gibt es ja auch schon eine ganze Reihe von Büchern, die solche »Ideensammlungen« für die Fasten- und Osterzeit sein wollen. Man kann nicht jedes Mal alle Räder neu erfinden wollen.

Aber ab und an hat man ja doch eine neue Idee, die sich dann in der Praxis bewährt – und solche Ideen, die aus unserer Arbeit und der Arbeit von Freunden und Kollegen entstanden sind, möchten wir wiederum mit diesem Buch einfach weitergeben. Und genauso bunt wie die pastorale Praxis mögen diese Ideen sein: Von Aschermittwoch bis Pfingsten, von vollständig ausgearbeiteten Modellen bis hin zu Ideenskizzen.

Sicher – keine der Ideen wird so direkt für Ihre Situation übertragbar sein. Das braucht es auch nicht. Schließlich kennen Sie sich selbst und die Situation in Ihrer Gemeinde gut genug, um zu sehen, was passt und was eventuell verändert werden muss. Aber manchmal reicht ja ein Gedanke, eine Idee auch schon vollkommen aus, reizt, fordert heraus, provoziert, damit man dann wieder für sich alleine »weiterspinnen« kann.

Bei der Zusammenstellung waren uns zwei Grundgedanken wichtig: Viele ähnliche Bücher hören sozusagen an Ostern auf. Wir wollten den ganzen Spannungsbogen, von Aschermittwoch bis Pfingsten, aufzeigen und auch aufrecht erhalten. Deswegen gibt es auch sehr bewusst ein Kapitel zur Osterzeit. Zum anderen haben wir liturgisch das ein oder andere Neue probiert, wie die »Feier der Versöhnung« als Beichtgottesdienst oder eine Umgestaltung der Karfreitags- oder Osterliturgie. Wir haben uns entschieden, diese »Versuche« sehr ausführlich zu dokumentieren, da sie vielleicht ein Beitrag sein können zur liturgischen Diskussion – und dazu braucht man Transparenz. Dies hatte zur Konsequenz, dass anderes nur ideenartig angeschnitten werden konnte – wenn das Buch noch ein Werkbuch bleiben und nicht zu einem liturgischen Wälzer ausarten soll.

Und doch will dieses Buch zugleich mehr. Es soll eben nicht nur eine »liturgische Rezeptsammlung« sein, sondern es will mit seinen Gedanken und Impulsen auch von dem erzählen, woran wir glauben und wovon wir überzeugt sind – und will Sie damit auch dazu einladen, ganz persönlich in Ihrem Leben einmal nachzuschauen, was Ihr Karfreitag, Ihr Ostern und Ihr Pfingsten ist. Nicht zuletzt deshalb sind in manchen Beiträgen auch die entsprechenden Bibelstellen ausführlich abgedruckt – es ist der eigenen Auseinandersetzung mit manchen Ideen nicht gerade förderlich, wenn man mitten im Text auf eine Bibelstelle verwiesen wird, dann auf die Suche nach einer Bibel geht, die Stelle sucht, sich wieder in den Text vertieft und zwischen dem einen und dem anderen hin und her springt.

Wenn dieses Buch es schafft, dem einen oder anderen Menschen eine neue Idee des »Himmels der Freiheit« zu schenken – oder eine passende Idee, wie man eine solche Erfahrung feiern kann – dann ist es unserer Meinung nach legitim, der »Legion von Büchern« zu diesem Thema ein weiteres hinzuzufügen. Möge es in diesem Sinne gelungen sein! Und mögen Sie immer wieder neu die Erfahrung machen, dass der Tod zum Leben wird!

Viernheim, am Fest des Hl. Kallistus I., das in diesem Jahr nicht gefeiert werden kann

ANDREA SCHWARZ / ANGELO STIPINOVICH

KAPITEL 1

ÖSTERLICHE BUSSZEIT

1. Statt eines Vorwortes:

Eine Predigt aus einem Wortgottesdienst zum Beginn der Fastenzeit

Begrüßung: 40 Tage Fastenzeit liegen vor uns – eine Zeit der Vorbereitung auf das größte christliche Fest, Vorbereitung auf Karfreitag und auf Ostern. So wie Musiker ihre Instrumente stimmen, bevor sie spielen – so stimmen wir uns ein auf das große Festgeheimnis, auf Tod und Auferstehung Jesu – 40 Tage lang. Was es mit dieser Zahl 40 auf sich, dem soll in diesem Gottesdienst ein wenig nachgespürt werden – denn wenn man weiß, wofür diese Zahl 40 steht, dann bekommt man möglicherweise noch einmal einen ganz anderen Zugang zu diesen 40 Tagen, die vor uns liegen.

Predigt: Es ist schon auffällig, wie oft diese Zahl »40« in der Bibel vorkommt: 40 Jahre regiert David über das Volk Israel, 40 Jahre wandert das Volk durch die Wüste. 40 Tage regnete es bei der Sintflut, Mose weilte 40 Tage auf dem Berg Sinai, der Prophet Elija wandert 40 Tage bis zum Gottesberg Horeb, 40 Tage geht Jesus in die Wüste, um zu fasten und sich auf sein öffentliches Auftreten vorzubereiten.

Aber nicht nur in der Bibel kommt diese Zahl so oft vor, sie hatte im gesamten Kulturkreis des Vorderen Orients ihre Bedeutung und dort steht sie als Symbol für die Reinigung. So gilt traditionell für Wöchnerinnen im Judentum und im Islam eine 40tägige Reinigungszeit. 40 Tage wurde getrauert und am Ende dieser Zeit gab es eigene Riten, die anzeigen sollten, dass die Zeit der Reinigung und der Trauer vorbei sind. Und sogar in Stonehenge, der prähistorischen Kultstätte in England sind es 40 Steinblöcke, die dort stehen.

In der Zahlenlehre steht die 40 für die Vollendung, jedoch nicht für eine letztgültige, sondern für eine, die auch noch Vorbereitung auf Größeres oder Höheres sein kann.

Bei uns Menschen ist die Zahl 40 die magische Zahl der Lebenswende – die Zeit, in der in der Regel der Aufbau des eigenen Lebens abgeschlossen ist und nun der Ausbau beginnt. Und im Badischen gibt es ein Sprichwort, dass die Schwaben mit 40 oder nie gescheit würden.

40 Tage – und eben nicht 37 oder 53 – damit stellen wir uns in eine

alte Tradition. Und es geht in dieser Zeit um eine Reinigung, es geht auch um eine Trauer über nicht gelebtes Leben, über verfehltes Leben – und es geht darum, dass in uns etwas zur Vollendung kommen soll. Es geht darum, dass wir eine Lebenswende vollziehen. Es geht darum, dass wir uns nach innen wenden – und das Äußere auf seinen Platz verweisen. Leben und Tod lege ich dir vor – du aber wähle das Leben. Du aber wähle, was dich wirklich lebendig macht, was wirklich wichtig ist!

All das schwingt in diesen Tagen der Fastenzeit mit – und genau dazu sind wir eingeladen.

Aber – haben Sie eigentlich mal nachgezählt? Von Aschermittwoch bis Ostern sind es alles andere als 40 Tage!! Das Geheimnis ist einfach: Auf die Zahl 40 in Verbindung mit der Fastenzeit kommt man nur, wenn man die Sonntage nicht mitzählt – die Sonntage gehören nicht zur Fastenzeit!! Und egal, wie hehr und edel Ihre Vorsätze für die Fastenzeit auch sein mögen – am Sonntag können Sie sie getrost vergessen!!

Für mich sagt es etwas über die Menschenfreundlichkeit unseres Gottes und unserer Religion aus: Einen Vorsatz 40 Tage lang halten zu müssen – das ist eine lange Zeit!! Und manchmal ist das schon eine Zumutung! Sechs Tage lang sich etwas vorzunehmen – das geht, das ist überschaubar, das kann ich vielleicht schaffen.

Und es ist ein alter guter katholischer Grundsatz: Festtag bricht Fasttag. Das Fasten ist wichtig, aber das Fasten macht nur dann Sinn, wenn es auch das Fest gibt. Der Sonntag ist der Tag, an dem wir der Auferstehung des Herrn gedenken – und deshalb fastet man am Sonntag nicht, sondern man feiert. Und man arbeitet am Sonntag auch nicht, sondern ruht sich aus.

Kurz – es geht in diesen 40 Tagen um die Einübung und die Erinnerung an eine Lebenskultur, die uns wirklich lebendig macht. Und das ist ein bisschen was anderes und wohl auch ein bisschen radikaler, als 40 Tage lang auf das Stück Schokolade zu verzichten. Es geht in diesen 40 Tagen um eine Einübung ins Leben – um nicht mehr, aber auch nicht um weniger.

ANDREA SCHWARZ

2. Aschermittwoch:
Wenn Asche den Boden bereitet …

Der Altar ist abgeräumt, auch ohne Altardecke. Lediglich eine große Schale mit Asche steht in der Mitte des Altars. Einzug, dabei leise Orgelmusik, dann Stille. Priester und Ministranten knien nieder – 1 Minute Stille

Lied GL 292, 1. + 5.

Liturgische Eröffnung

Einführung: »Am Aschermittwoch ist alles vorbei«, so sagt es der bekannte Fastnachtsschlager. Alles, was die Narren in den letzten Wochen und Tagen auf Trab gehalten hat, ist vorbei. Die Masken sind abgelegt, die Kostüme werden weggeräumt, die Katerstimmung klingt langsam ab …

»Am Aschermittwoch ist alles vorbei …«

Und doch stimmt die Aussage nicht – denn am Aschermittwoch beginnt es neu, beginnen wir wieder neu. Eine neue Zeit fängt an – und ich darf neu anfangen. Genau dazu lädt uns der Aschermittwoch ein. Und die Asche, mit der uns ein Kreuz auf die Stirn gezeichnet wird, will uns helfen, dass wir wieder zu uns selber finden, uns neu verankern im Grund unseres Lebens, uns im Ursprung des Lebens neu verwurzeln. Das Aschenkreuz will uns an diesen Ursprung des Lebens erinnern, will uns sagen: Wir sind gerettet und geliebt.

Wir sind gerettet und geliebt. Das ist der Grund, der uns trägt – und das ist der Grund, warum wir heute miteinander diesen Gottesdienst feiern.

Lied GL 165, 3. + 4.

Gebet: Gott, du schaust uns mit liebenden Augen an. In deinem Namen und im Vertrauen auf dich beginnen wir die vierzig Tage der österlichen Bußzeit. Diese Tage wollen unser Leben bereichern, sie wollen uns neu hinführen zur Mitte des Lebens, zu dem tragenden Grund unseres Seins.

Öffne du unsere Herzen und unsere Augen, damit wir neu sehen lernen: uns selbst, unseren Nächsten, unsere Welt und dich, den Ursprung und Grund unseres Lebens.

Schenke uns dazu deinen Geist – so bitten wir dich durch Jesus Christus, deinen Sohn und unseren Bruder und Herrn. Amen.

Evangelium: Mt 6,1-6.16-18

Lied GL 248, 4

Predigt:
Sitzt heute in unserer Kirche ein Mörder? Wie viele von Ihnen sind fremdgegangen? Haben Sie schon einmal Geld gestohlen?

Liebe Schwestern und Brüder, normalerweise sagen wir uns alle: Na gut, ich mach zwar Fehler, aber ein ganz so schlechter Mensch bin ich wiederum auch nicht.

Vor kurzem fand ich eine kleine Geschichte:

An einem Waldabhang in Colorado liegt die Ruine eines riesenhaften Baumes. Naturkundige sagen, der Urwaldriese habe über vierhundert Jahre dort gestanden. Er war ein kleiner Sämling, als Kolumbus in San Salvador landete, und halbhoch, als die »Pilgerväter Amerikas« Plymouth gründeten. Im Laufe seines Lebens wurde er vierzehnmal vom Blitz getroffen, und die unzähligen Lawinen und Stürme vieler Jahrhunderte donnerten über ihn hinweg. Alles überstand er. Schließlich aber griff ein Heer von Käfern den Riesenbaum an: Die Insekten fraßen sich durch die Borke hindurch und zerstörten allmählich den Baum von innen heraus, indem sie ihn mit ihren schwachen, aber doch unablässigen Angriffen entkräfteten. Ein Riese der Wälder, gegen den die Jahrhunderte nichts vermocht hatten, den der Blitz nicht zerrissen, der Sturm nicht niedergeworfen hatte, ihn fällten schließlich Käfer, so klein, dass ein Mensch sie zwischen Daumen und Zeigefinger zu zerquetschen vermag.

Das Bild des menschlichen Lebens – das Bild einer jeden Beziehung. Das Bild meiner Beziehung zu mir selbst, das Bild meiner Beziehung zu meinen Nächsten, das Bild unserer Beziehung zu Gott.

Die großen Krisen des Lebens, die überstehen wir meistens fast alle, denn da wissen wir, was auf uns zukommt. Wir können uns rüsten, wir können was dagegen tun. Wir können uns innerlich vorbereiten und dadurch gewinnen wir Kraft. Wie bei diesem Baum greifen unsere

Wurzeln tief in die Erde hinein, und so bleiben wir bei diesen »Blitzschlägen« des Lebens oft unerschüttert. Es mag weh tun, es mag Narben hinterlassen, aber überleben tun wir fast immer.

Die Stürme und die Lawinen des Lebens: Geburt, Tod, Scheidung, finanzielle Probleme, das überlebt der Mensch ganz gut. Aber, liebe Schwestern und Brüder, es ist eben nicht das »vierzehnmal vom Blitz getroffen werden«, was diesen Baum schließlich umgebracht hat. Es ist auch nicht ein Käfer, sondern ein Heer von Käfern, klein, unauffällig und doch, summa summarum, alles in allem, in ihrer Gesamtheit mächtig. So mächtig, dass sie diesen Baum zerstören.

Das Bild spricht für sich. In meiner Beziehung zu mir selbst kommt es nicht darauf an, wie stark ich bin bei den großen Krisen meines Lebens, sondern wie gehe ich mit mir selbst Tag für Tag, Stunde für Stunde um. Schone ich mich, liebe ich mich, kann ich nein sagen?

Die meisten Ehen durchleben große Krisen. Aber keine Beziehung kann Unaufmerksamkeit und Unsensibilität auf Dauer ertragen. Und schließlich sind es doch die Kleinigkeiten, die einen zum Wahnsinn treiben und dazu führen, dass auch eine starke Beziehung zugrunde geht.

Und wie ist es mit Gott? Ja, er liebt uns, mit Sicherheit. Aber na ja, wenn ich mal nicht in die Kirche gehe und mal nicht bete und mich mal nicht um meinen Glauben kümmere … aber irgendwann bin ich dann wie dieser Baum, von innen her aufgefressen, leer und hohl. Ich hatte doch keine Zeit zum Beten. Ich war zu beschäftigt. Auch ich als Priester merke es, dass ich oft zu beschäftigt bin, um mir Zeit für mich, für meinen Nächsten und für meinen Gott zu nehmen. Es sind diese kleinen Käfer unseres Alltags, die unsere Kräfte auffressen …

Und wenn dann noch eine Anfrage von außen, eine Krise dazu kommt, dann sind wir ganz tief in unserem Leben ausgebrannt so wie Asche. Gerade an diesem Punkt mag der Mensch oft die Verzweiflung spüren und seinem Leben ein Ende setzen wollen. Eine junge Frau, die mit ihrem Freund streitet und versucht, sich selbst umzubringen. Einer, der keinen Ausweg mehr sieht, … Asche, Schutt und Asche. Die Kaputtheit, die Zerbrechlichkeit unseres menschlichen Daseins.

Und wir leben nicht mehr in einer Welt voller Optimismus. Das war die Welt der 50er und 60er Jahre. Wir leben im Jahr 2002, es gab Tschernobyl, es hat den 11. September 2001 gegeben – und der Optimismus von damals ist bei so vielen der Hoffnungslosigkeit gewichen.

Wir leben auch nicht nur in Viernheim, nicht in einem kleinen Dorf, abgeschnitten vom Rest der Welt, ohne auch nur im geringsten zu ahnen, was sich um uns herum abspielt, denn das Fernsehen zeigt uns die Bilder vom Hunger in Äthiopien, vom Erdbeben in Mexiko, vom Krieg in Jugoslawien, vom Anschlag auf das World Trade Center. Aber was können wir an den Ereignissen ändern, wie sie uns auf dem Bildschirm aus der Sahelzone oder aus Amerika erreichen? Da bleibt uns oft wirklich nichts anderes mehr übrig, als uns zu verschanzen und den Schmerz dieser zerbrochenen Welt zu vergessen versuchen. Den Schmerz einer am Boden zerstörten Menschheit, den Schmerz unseres Lebens.

Aschermittwoch aber spricht eine andere Sprache und möchte eine andere Botschaft vermitteln. Asche bereitet den Boden vor. Wenn wir nicht Abschied nehmen von dem, was die Vergangenheit uns schenkte, haben wir keine Gegenwart und erst recht keine Zukunft. Der Realität des Lebens ins Auge schauen und doch nicht zu verzweifeln, das ist die Botschaft von Aschermittwoch, die Botschaft des christlichen Lebens und die Botschaft des Glaubens.

Von Südafrika kenne ich die unendlich weiten Hochebenen, Kilometer von Land, nur mit Gras bewachsen. Dieses Gras wächst hoch, ist saftig und grün bis zur Dürrezeit. Dann stirbt es, wird braun, es wächst nichts mehr, kann nichts mehr wachsen. Dann kommen trockene Stürme, bei denen es blitzt und donnert, aber ohne zu regnen. Und da schlägt dann eben der Blitz ein und das Gras verbrennt. Wochenlang sieht man nur unendlich weite, schwarze, verbrannte Flächen. Ein Bild der Verzweiflung und Hoffnungslosigkeit.

Dann aber keimt und sprosst und wächst – langsam, aber sicher – aus dieser Asche das Grün hervor, kleine zarte Spitzen, junges, neues Gras. Das Neue, ein neues Leben, ein neuer Zyklus beginnt. Auch das ist ein Bild des menschlichen Lebens.

In Gottes Namen lade ich Sie an diesem Aschermittwoch ein, die Asche und den Schutt Ihres Lebens genau zu betrachten, sich nicht davor zu fürchten, sondern die Asche und den Schutt als Chance, als Möglichkeit und als Einladung zu sehen. Nur so können wir vierzig Tage Dürrezeit überstehen, um die wahre Freude des Osterfestes zu genießen, das Fest des Lebens, das Fest der Auferstehung.

Schwestern und Brüder, auf die großen Blitze des Lebens kommt es nicht so sehr an, sondern auf die mannigfaltigen Kleinigkeiten des Alltags. Gott schenke uns die Kraft für unseren Alltag, Vater, Sohn und Heiliger Geist. Amen.

Lied GL 622, 1 – 4

Segen über die Asche:
Gott, du hast alles erschaffen. Dem Menschen hast du deinen Lebensatem eingehaucht. Du hast ihn aus dem Staub erhoben.
V/A: Wir loben dich, wir preisen dich
Wenn die Menschen sich von dir abgekehrt haben, hast du sie nicht allein gelassen. Durch die Propheten hast du sie immer wieder zur Umkehr und zum Neuanfang gerufen. Du willst nicht den Tod, sondern das Leben.
V/A: Wir loben dich, wir preisen dich
In der Fülle der Zeiten bist du uns nahe gekommen in Jesus Christus. Er ist Mensch geworden, unser Bruder, und hat den Tod überwunden.
V/A: Wir loben dich, wir preisen dich
Erhöre gnädig unsere Bitten: Segne + diese Asche, mit der wir uns bezeichnen lassen, weil wir wissen, dass wir Staub sind und zum Staub zurückkehren. Wir bitten dich, segne uns alle, die wir gekommen sind, um das Aschenkreuz zu empfangen. Hilf uns, die vierzig Tage der österlichen Bußzeit mit bereitem Herzen zu begehen. Heile die Verwundungen unseres Herzens, verzeihe uns alle Schuld. Erneuere uns nach dem Bild deines Sohnes und lege deinen Geist in uns. Schenke uns durch seine Auferstehung das unvergängliche Leben. Darum bitten wir dich …

Lied zum Austeilen des Aschenkreuzes GL 160, 1 – 7,
anschließend Orgelspiel

Text beim Auflegen des Aschenkreuzes: »Gedenke, dass du Staub bist und zum Leben auferstehst!«

Fürbitten:
Gott des Lebens, mit liebenden Augen schaust du uns an. Dich bitten wir:
Wende dich uns zu und hilf uns, zum Leben aufzustehen.
Wecke in uns das Verlangen nach deinem befreienden Wort und lass uns darüber nachsinnen alle Tage.

Gib uns die Kraft, auf Entbehrliches zu verzichten, damit wir den Notleidenden helfen können.

Lehre uns beten und nimm unseren Lobpreis an.

Gott des Lebens, schenke uns dein Erbarmen, lass uns deine Liebe wahrnehmen und mit unserem Leben auf deine Liebe Antwort geben. Darum bitten wir dich …

Vaterunser

Lied GL 264, 1. + 3.

Segen:
Der Herr segne und behüte euch.
Der Herr lasse sein Angesicht über euch leuchten,
seine liebenden Augen begleiten euch.
Der Herr wende euch sein Angesicht zu
Und schenke euch seinen Geist,
der uns täglich neu anstiftet zum Leben.
So segne und begleite euch …

Auszug in Stille

Angelo Stipinovich

3. Sich Asche aufs Haupt streuen

Aus einem Gemeindebrief zum Ersten Fastensonntag

Liebe Gemeindemitglieder,

Sie mögen sich heute etwas gewundert haben, als Sie die Kirche betreten haben und die Finger wie gewohnt in das Weihwasserbecken tauchen wollten – und darin Asche vorgefunden haben. Es ist ein alter Brauch, der leider fast ganz in Vergessenheit geraten ist, sich nicht nur am Aschermittwoch, sondern in der gesamten Fastenzeit durch das Bekreuzigen mit Asche an die Aufforderung zur Umkehr und zur Buße zu erinnern. Die Asche als Zeichen für die Vergänglichkeit des Menschen und als Zeichen der Läuterung ist ein Symbol, das auch in anderen Kulturen üblich war. Sich »Asche auf's Haupt streuen« ist ein Klagegestus, der sehr früh in die offizielle Liturgie der Kirche übernommen wurde. Zusammen mit dem sackähnlichen Gewand, dass die Büßer zu früheren Zeiten trugen, bis sie am Osterfest wieder in die Gemeinschaft der Kirche aufgenommen wurden, war die Asche ein Zeichen der Buße – und da kommt auch die Redensart her: »In Sack und Asche gehen«.

In den Tagen der Fastenzeit will die Asche statt des Wassers in den Weihwasserbecken gerade durch die Unterbrechung des Gewohnten zum Innehalten einladen, zum Nachdenken über uns und unser Leben, zur Umkehr und zur Buße. Und es mag sein, dass wir gerade dadurch das Geschenk des Wassers des Lebens, wenn in der Osternacht das Wasser geweiht wird, ganz neu und anders erleben können.

Ich wünsche Ihnen und uns in den kommenden Tagen eine solche Erinnerung und Neubesinnung auf das, was wirklich zählt in unserem Leben.

Ein kleiner praktischer Tipp: Bei dem Kreuzzeichen mit der Asche empfiehlt es sich, eher das »kleine Kreuzzeichen« zu machen, sich also mit der Asche selbst ein kleines Kreuz auf die Stirn zu zeichnen …

ANDREA SCHWARZ

4. Gott macht keinen Druck

Predigt zum Dritten Fastensonntag
(Lesejahr C, Ex 3,1–8a. 13–15, Lk 13, 1–9)

Liebe Mitchristen,
heutzutage kann das Leben ganz schön stressig sein! Wir stehen alle ständig unter Druck:
- Zeitdruck: »ich muss jetzt ganz schnell …«
- Leistungsdruck: »das musst du aber besser machen …«
- Beziehungsdruck: »du musst dich ändern …«
- Gesellschaftsdruck: »wenn du hier akzeptiert werden willst, dann musst du …«

Dem modernen Mensch wird sehr viel zugemutet und diese vielfältigen Formen von spürbarem Druck sind uns alle wohl bekannt. Sie erleichtern uns weder das Arbeiten noch die Beziehungen. Ich habe Angst, irgendwas zu langsam, zu schlecht, zu unentschlossen, zu ungenügend zu tun. »Was werden die anderen sagen oder denken …..«

Und das ist hier in unseren Gemeinden nicht anders. St. Hildegard bekommt eine neue Heizung, die Außenanlagen der Kindertagesstätte in St. Michael werden neu gestaltet, die Vorbereitung für die Erstkommunion läuft auf vollen Touren, ebenso die Firmung, wir haben ein neues Taufkonzept, der ökumenische Bibeltag, das Bibelseminar in der Fastenzeit, …

Alles sehr beeindruckend. Ja, be-ein-**druck**-end. Wir sind Macher!!! Ich ja auch. Und darüber hinaus läuft der Alltag weiter. Eltern sorgen für ihre Kinder, Männer und Frauen gehen arbeiten. Die Schüler müssen noch in der Schule. Schließlich ist alles nicht so einfach …!!! Stress und Druck, Druck und Stress!!

Und dann, zu alledem noch dazu, hören wir im heutigen Evangelium: »Wenn Ihr euch nicht bekehrt, werdet ihr genauso umkommen!« Irgendwann reicht es. Ich tue mein Bestes – und jetzt habe ich das Gefühl, auch noch von Gott unter Druck gesetzt zu werden!! Da ist einerseits meine Sehnsucht nach Heilung und Hoffnung auf Gottes Gegenwart, und doch ist zugleich andererseits meine große lähmende Angst in mir: Ich bin schuldig und habe versagt. Ich muss mein Heil bei Gott erst noch verdienen. Ich muss mich absichern, damit ich sicher bin, von

Gott nicht überrascht zu werden! Ich bin noch nicht gut genug! Es reicht noch nicht!

Es ist nicht schwer zu verstehen, dass so viele junge Menschen »aussteigen« und nichts mehr von Kirche wissen wollen – wenn sie Kirche als »Druck« erleben. Es ist nicht schwer zu verstehen, warum manche den Druck in unserer Gesellschaft nicht mehr aushalten und ihrem Leben ein Ende setzen. Wir leben in einer Leistungsgesellschaft und kommen bei dem Tempo und den Erwartungen nicht immer mit.

Und mitten in diese Situation hinein offenbart sich Gott und spricht: »ICH HABE DAS ELEND MEINES VOLKES IN ÄGYPTEN GESEHEN UND IHRE LAUTE KLAGE GEHÖRT. ICH KENNE IHR LEID. ICH BIN DER ›ICH-BIN-DA‹!«

Oder für uns heute:

»ICH HABE DAS ELEND MEINES VOLKES IN VIERNHEIM GESEHEN UND IHRE LAUTE KLAGE GEHÖRT. ICH KENNE IHR LEID. ICH BIN DER ›ICH-BIN-DA‹!«

Ich habe die Worte langsam und leise gelesen, weil ich möchte, dass sie eindringen. Ich bin auch bereit, sie vom Dach zu schreien.

Sie haben gehört: Gott ist hier. Nicht etwa ›Gott war hier‹ oder ›irgendwann wird Gott hier sein‹, nein – Gott ist hier!! Aber haben Sie den Worten geglaubt? Leben wir es in unserem Leben?

Denn, wenn Sie und Sie und Sie und du und du dies in Ihrem/Deinem Leben nicht erkennen können, spüren können, dann sind wir wie der Feigenbaum im heutigen Evangelium – müde und ausgetrocknet ….

Jetzt könnten Sie sagen – »Der Pfarrer spricht von Druck – und nun macht er mir nur noch mehr Druck! Ich möchte doch nicht wie ein verdorrter Feigenbaum sein!«

Liebe Christen – Gott macht keinen Druck.

Gott mutet mir aber zu, mich selbst anzunehmen, wie ich bin. Er tut es ja auch. Er will nicht mehr, als das, wozu wir berufen und wozu wir talentiert sind: Uns auf den Weg machen, zusammen mit unseren Freunden und Freundinnen.

Und dann können wir uns Gottes Fragen stellen: Welche Früchte kann ich hervorbringen? Wofür kann ich Verantwortung tragen und für wen bin ich verantwortlich? Was mute ich mir zu – und was traue ich Gott zu?

Der Gott des Mose, unser Gott, sagt uns heute hier in Viernheim, dass er ein Gott ist, der sieht und hört und helfen will. Er will sein Volk, er will uns befreien. Er verlangt nur, dass wir uns auf den Weg machen, so wie die Israeliten sich auf den Weg gemacht haben. Mose konnte mehr Früchte hervorbringen, als er selbst jemals geglaubt hat. Er mutet sich viel zu, noch mehr aber mutet er Gott zu: Gott soll sich offenbaren, er soll sich in die Hand der Menschen begeben. Gott wagt es, er schenkt dem Volk seine Verheißung, immer bei ihm zu sein – WENN sie auf dem Weg bleiben, WENN sie sich aufmachen und befreien lassen.

Liebe Schwestern und Brüder, deswegen haben wir die Fastenzeit – eine Zeit der Erneuerung. Eine Chance! Wenn mein Leben, auch und vor allem mein Glaubensleben wie dieser Feigenbaum ist, und Jahr für Jahr dieser Baum keine Frucht bringt, und nicht das kleinste Grün an ihm zu entdecken ist – dann ist es sicher Zeit, dem Baum Wasser und frische Erde zu geben. »Jetzt ist die Zeit, jetzt ist die Stunde …« so lautet ein bekanntes Lied. Ja – jetzt ist die Zeit, dem Glauben frische Nahrung zu geben, das Beten zu versuchen, sich neu auf den Weg zu machen.

Das Ziel ist es, den eigenen Lebensweg MIT GOTT zu gehen, auf ihn zuzugehen, in seine Arme zu laufen, und zusammen dem alten Baum wieder Kraft zum Leben zu geben, mehr nicht …

ANGELO STIPINOVICH

5. Liturgie am Abend – »Abendgebet«

In der vergangenen Fastenzeit haben wir in Leinach zur »Liturgie am Abend« eingeladen. In diesen Liturgien wollten wir bestimmten Grundhaltungen nachspüren, die bei der Vorbereitung auf Ostern hilfreich sein können. Dies geschah jeweils anhand eines Symbols oder liturgischen »Gegenstandes«.

Zur Einstimmung wird meditative Musik eingespielt, zum Einzug des Liturgen Orgel.

Zum Abschluss wird gemeinsam das Vaterunser gebetet und der Segen erteilt. Das Abendgebet endet mit einem gemeinsamen Lied. Die Eröffnungsgebete sind den »Tagesgebeten zur Auswahl« aus dem Messbuch entnommen.

Symbol: Evangelienbuch –
Haltung: Hören

Auf dem Altar steht bzw. liegt nur das geöffnete Evangelienbuch (25.12. – 1. Weihnachtsfeiertag – Johannesprolog Joh 1,1-14) – daneben eine Kerze. Vor dem Altar steht eine Schale mit Kerzen bzw. Teelichtern.

Hymnus: GL 614, 1-3 »Wohl denen, die da wandeln«

Gebet: Gott, dein Wort bringt Licht und Freude in die Welt. Es macht das Leben reich, es stiftet Frieden und Versöhnung. Gib, dass wir es nicht achtlos überhören. Mach uns aufnahmebereit. Bring dein Wort in uns zu hundertfältiger Frucht. Darum bitten wir durch Jesus Christus, dein menschgewordenes Wort – heute und in Ewigkeit. Amen.

Impuls zum Tagesrückblick (dabei meditative Musik):
Ich blicke zurück auf diesen Tag
auf die Begegnung mit den Menschen
in meiner Familie, in der Nachbarschaft, auf der Straße,
am Arbeitsplatz …..

Ich blicke zurück auf diesen Tag
auf all das, was mir zu Ohren kam in Radio und Fernsehen
was ich hörte von den Menschen, mit denen ich zusammenlebe
auf die Worte, die mir gesagt wurden – unterwegs, auf der Straße,
beim Einkaufen, am Arbeitsplatz
auf die Worte, die mir gut getan haben
die mich verletzten
Ich blicke zurück auf diesen Tag
auf die Worte, die über meine Lippen gingen
überlegt oder nur so dahingesagt
auf meine Worte, die anderen Mut schenkten …
auf meine Worte, die andere verletzten …

Psalm 119 A: GL 750,1+2 (abwechselnd: Vorbeter – Gemeinde)

Hinführung zur Lesung: »Und Gott sprach: Es werde Licht« Das erste Wort, das Gott spricht: Es werde Licht! Gott will Licht und Leben für uns Menschen. Darum spricht er sein Wort. Sein größtes Wort hat er in Jesus Christus gesprochen. Jesus – er ist das menschgewordene Wort. »In ihm ist das Leben – und das Leben ist das Licht der Menschen.« Hören wir die Frohe Botschaft von jenem ewigen Wort, das Gott zu uns spricht, damit unser Leben hell wird.

Liturge geht an den Altar, entzündet die Kerze und liest Joh 1, 1 – 14

Einladung zur Zeichenhandlung:
»Gottes Wort ist wie Licht in der Nacht, es hat Hoffnung und Zukunft gebracht, es gibt Halt, es gibt Trost in Bedrängnis, Not und Ängsten, ist wie ein Licht in der Dunkelheit.« So der Text eines Kanons. Gottes Wort – Licht für mich, für meinen Weg, für meinen Alltag. In jedem Gottesdienst hören wir das Wort Gottes, das Wort des lebendigen Gottes, das Evangelium unseres Herrn Jesus Christus. Für dieses Wort danken und loben wir Gott, denn es bringt Licht in unser Leben.
So lade ich Sie ein, eine Kerze/Teelicht an der Kerze neben dem Evangelienbuch zu entzünden als Zeichen dafür, dass Sie Gott bitten, sein befreiendes und erhellendes Wort immer wieder neu in Ihr Leben hinein zu sprechen und dass Sie dafür offen sind. *(evtl. dabei Musik)*

Gebet:
Wort Gottes, dessen Macht und Ruf
im Urbeginn die Welt erschuf.
Du bist der Anfang und das Ende.
Der Himmel und die ganze Welt
sind deiner Hoheit unterstellt.
Du bist der Zeiten Lot und Wende.
Die Weisheit baute sich ein Haus,
darin spricht Gott sich selber aus,
und dieses Wort hat uns getroffen.
Nun ist die Welt nicht mehr so leer,
nicht mehr die Last so drückend schwer:
Der Weg zum Vater steht uns offen.

(aus dem Stundenbuch III/231)

Symbol: Altar –
Haltung: Hingeben

Der Altar ist leer.

Hymnus: GL 289, 1+2 Herr, deine Güt ist unbegrenzt

Gebet:
Heiliger Gott, du bist unsagbar größer, als wir Menschen begreifen, du
wohnst in unzugänglichem Licht, und doch bist du uns nahe. Gib, dass
wir heute mit Ehrfurcht vor dir stehen und froh werden in deiner Nähe.
Darum bitten wir durch Jesus Christus, unseren Herrn und Bruder.
Amen.

Impuls zum Tagesrückblick (dabei meditative Musik):
Ein Tag geht zu Ende. Es gilt ihn loszulassen, abzulegen – so wie wir am
Abend die Kleider dieses Tages ablegen.
Doch wohin kann ich diesen Tag legen, wohin kann ich legen, was sich
mir heute »in die Kleider gehängt hat«?

Versammelt sind wir um den Altar.
Ein Stein, ein heiliger Stein
die Mitte unserer Kirche, das Zentrum.
Hier kann ich ablegen
loslassen
hinlegen
diesen Tag
was mich bewegt
was mich prägt
meinen Dank und meine Bitte
meine Hoffnung und meine Angst
meine Freude und meinen Ärger
mein Gelingen und mein Misslingen
an diesem Tag
in meinem Leben …

Psalm 139: GL 755,1+2 (abwechselnd: Vorbeter – Gemeinde)

Hinführung zur Lesung: Jakob, der Stammvater des Gottesvolkes, ist auf der Flucht. Am Abend legt er sich hin, legt sein Haupt auf einen Stein und es öffnet sich für ihn der Himmel: Gottes Verheißungen gelten ihm, was Gott seinen Vätern zugesagt und versprochen hat, gilt auch ihm: »Ich bin mit Dir ….ich verlasse dich nicht ….«

Lesung: Gen 28, 11-19

Einladung zur Zeichenhandlung:
Jakob erkannte: Hier ist nichts anderes als das Haus Gottes und das Tor des Himmels! Dort, wo er sich hinlegte – da öffnete sich der Himmel.

Ein Stein, ein heiliger Stein
unser Altar, die Mitte
hier dürfen wir ablegen
uns hinlegen
unser Leben hinlegen

Ich lade Sie ein, in einer einfachen Geste in der Berührung des Altares mit Ihrer Handfläche Ihr Leben, Ihre Anliegen und Gebete auf den Altar zu legen in dem Vertrauen, dass hier das Tor des Himmels ist ... .(*evtl. dabei Musik, z.B. Orgel*)

Gebet der Hingabe: GL 5,4

Symbol: Hostienschale –
Haltung: Bereiten

Auf dem Altar steht die leere Hostienschale, daneben eine Schale mit Hostien

Hymnus: GL 621,1-3 »Ich steh vor dir mit leeren Händen, Herr«

Gebet:
Gott, du bist uns nahe, noch bevor wir zu dir kommen. Du bist uns nahe, noch bevor wir uns aufmachen zu dir. Sieh unsere Sehnsucht nach Glück, unseren Willen zum Guten und unser Versagen. Erbarme dich unserer Armut und Leere. Fülle sie mit deinem Leben, mit deinem Glück, mit deiner Liebe. Darum bitten wir durch Jesus Christus, deinen Sohn, unseren Bruder und Herrn. Amen.

Impuls zum Tagesrückblick (dabei evtl. meditative Musik):
Wie sind Sie heute in diesen Tag hineingegangen? Waren Sie vorbereitet?
Eingestimmt für diesen Tag, seine Aufgaben und Begegnungen –
oder sind Sie »hineingestolpert«, unvorbereitet in diesen Tag gegangen?
Am Morgen eines Tages machen wir uns bereit für den Tag,
richten unsere Kleider, unser Aussehen, richten uns her für den Tag.
Bereite ich mich auch im Herzen für den Tag vor?
Stimme ich mich ein für den Tag mit all dem, was geplant ist
und mit all dem, was unverhofft dazwischenkommt?
Für manche Termine bereiten wir uns vor,
die gemeinsame Mahlzeit will vorbereitet sein,
für einen Krankenbesuch bereite ich mich vor,
überlege einen kleinen Gruß ...
sich vorbereiten, sich bereitmachen

ich öffne mich, bin offen für eine neue Begegnung
offen für die Aufgaben und Herausforderungen.
Wie bin ich heute in diesen Tag gegangen?
War ich für diesen Tag bereit?

Psalm 57: GL 730,1+2 (abwechselnd: Vorbeter-Gemeinde)

Hinführung zur Lesung: Wer sich für den Gottesdienst bereit macht, öffnet
sich und sein Leben für das Geheimnis der Gegenwart Gottes. Wir sind
eingeladen, uns – unser ganzes Leben mitzubringen. Im ersten Bund lädt
Gott selbst sein Volk ein, das mitzubringen, was die Frucht der Erde und
der menschlichen Arbeit geschenkt hat und dadurch gewachsen ist.

Lesung: Dtn 26,4-10

Einladung zur Zeichenhandlung:
Sich zum Gottesdienst bereiten, sich für das Dasein Gottes zu öffnen,
dazu sind wir eingeladen. Ich darf mitbringen die Frucht der Erde und
der menschlichen Arbeit, mein tägliches Brot, das Brot des Alltags, mit
aller Freude und allen Tränen. In der Gabenbereitung bringen wir uns
und unser Leben zum Altar. Im Zeichen des Brotes wird unser Leben
»eingefangen«, auf den Punkt gebracht. Ich lade Sie ein, vorne am Altar
das kleine Brot einzulegen, hineinzulegen in die heilige Schale, und so sich
und Ihren Alltag für Gott zu öffnen, sich zu bereiten für sein Wirken.

Dabei Orgelmelodie: GL 534 »Herr, wir bringen in Brot und Wein, ...«

Gebet:
Herr, mache mich zu einer Schale
offen zum Nehmen,
offen zu Geben,
offen zum Geschenktwerden,
offen zum Gestohlenwerden.

Herr, mache mich zu einer Schale für Dich,
aus der Du etwas nimmst,
in die Du etwas hineinlegen kannst.

Wirst Du bei mir etwas finden,
was Du nehmen könntest?
Bin ich wertvoll genug, so dass Du
in mich etwas hineinlegen wirst?

Herr, mache mich zu einer Schale für meine Mitmenschen,
offen für die Liebe, für das Schöne,
das sie verschenken wollen,
offen für ihre Sorgen und Nöte,
offen für ihre traurigen Augen
und ängstliche Blicke,
die von mir etwas fordern.

Herr, mache mich zu einer Schale.

(Gebet bei den Töpfern in Taizé)

Symbol: Kelch –
Haltung: sich verwandeln lassen

Auf dem Altar steht ein Kelch und ein Krug mit Wein

Hymnus: Lied »Brot, das die Hoffnung nährt«

Gebet:
Gott des Lebens, durch die Auferstehung deines Sohnes wissen wir: Der
Tod ist überwunden, der Weg zu dir steht offen, unser Leben ist
unvergänglich. Hilf uns, in dieser Gewissheit unser Leben anzunehmen
und daraus zu machen, was du von uns erwartest. Darum bitten wir
durch Jesus Christus, deinen Sohn, unseren Bruder und Herrn. Amen.

Impuls zum Tagesrückblick (evtl. dabei meditative Musik)
Am Abend dieses Tages – diesen Tag loslassen, ablegen, zurücklegen in
die Hände Gottes, der uns diesen Tag schenkte. Heute morgen lag dieser
Tag noch offen vor mir. Womit war er gefüllt? Was hat alles diesen Tag voll
gemacht? Was musste ich heute alles erledigen?
     Was hat an mir gezehrt, mich Kraft gekostet? Welchen Menschen bin
ich begegnet?

Wer hat mir heute gut getan und wer hat mich verletzt?
Aus vielen Minuten und Stunden setzt sich dieser Tag meines Lebens
zusammen.
Viele Augenblicke … viele Eindrücke …..
Womit war dieser Tag gefüllt?

Psalm 42: GL 726,1+2 (abwechselnd: Vorbeter – Gemeinde)

Hinführung zur Lesung:
»Ja«–sagen ist nicht immer einfach.
»Ja« zu sagen zu den Menschen mit ihren Licht- und Schattenseiten,
»Ja« zu sagen zu mir selbst mit meinen Stärken und Schwächen,
»Ja« zu sagen zu den Herausforderungen, die der Tag stellt,
vor allem dann, wenn sie mir ungelegen kommen, nicht in mein Pro-
gramm und meinen Plan passen.
»Ja« sagen … …, annehmen …..das ist eine Grundhaltung, die meinem
Leben Halt und Sicherheit gibt. Als Glaubende feiern wir, dass Gott unser
Menschsein angenommen hat, »Ja« sagt zur Welt und zum Menschen, zu
Dir und mir.
Weil Er »Ja« sagte, weil Er uns annimmt, kann auch ich »Ja« sagen zu
mir.
Gott ist wie ein guter Hirt, der da ist, mitgeht, hinführt zur Quelle, zu
frischen Wassern, zu erfülltem Leben.

Psalm 23

Einladung zur Zeichenhandlung:
»Du füllst mir reichlich den Becher.« Da ist einer, der sorgt für uns, der
sorgt sich um uns. Er kennt den Durst, die Sehnsucht in meinem Herzen.
Er will mich erfüllen
und meinem Leben Fülle schenken.
»Du füllst mir reichlich den Becher.«
Der Becher meines Lebens – all das, was zu meinem Leben gehört, darf
ich mitbringen. Der Becher meines Lebens wird zum Kelch des Heiles.

So darf ich den Kelch erheben und auf das Leben trinken.

Den Kelch erheben und auf das Leben trinken – dazu sind wir eingeladen, seit Jesus Christus den Wein gewandelt hat in die Lebenskraft seiner unendlichen Liebe.

Lied: »Meine engen Grenzen«

Wein in den Kelch gießen.

Ich lade Sie ein, nun aus dem Kelch zu trinken, ihr Leben erfüllen zu lassen mit dem Wein der Freude ... auf das Leben und Deine Lebendigkeit zu trinken, in dem Glauben und Vertrauen, das Jesus uns und unser Leben annimmt und liebend verwandelt, was wir ihm anvertrauen. *(dabei leise Orgelmusik)*

Gebet (frei oder:)
Möchte sich alles in diesem meinem Wesen zu deiner Ehre wenden, und möchte ich nie verzweifeln. Denn ich bin unter deiner Hand, und alle Kraft und Güte sind in dir.

Symbol: Brotbrechen –
Haltung: teilen

Auf dem Altar eine Schale mit Mazzen

Lied: »Kleines Senfkorn Hoffnung«

Gebet:
Gott des Lebens, du hast uns verschiedene Gaben geschenkt. Keinem gabst du alles – und keinem nichts. Jedem gibst du einen Teil. Hilf uns, einander zu dienen mit dem, was du einem jeden zum Nutzen aller gibst. Darum bitten wir durch Jesus Christus, deinen Sohn und unseren Bruder. Amen.

Impuls zum Tagesrückblick (evtl. dabei meditative Musik)
Leben lebt vom Teilen. Das ist die Wahrheit des Lebens. Ohne Teilen gibt es kein Leben.

Es beginnt bereits bei der Fortpflanzung. Nur dadurch, dass die verschmolzene Samenzelle und Eizelle sich fortwährend teilen, geht das Leben weiter: Wenn das Teilen aufhört, hört damit auch das Leben auf.

Blicken wir zurück auf diesen Tag: Was habe ich heute alles mit anderen geteilt?
Die Luft zum Atmen, das Badezimmer, die gemeinsame Fahrt in die Stadt.. welche Mahlzeiten habe ich heute mit wem eingenommen?
Was habe ich heute anderen mitgeteilt? Was habe ich von mir erzählt? Wie es mir geht, was mich gefreut hat und worüber ich mich geärgert habe ... was ich in meinem Herzen spüre und empfinde ...
Was haben mir heute andere Menschen mitgeteilt oder versucht mitzuteilen?
Habe ich es bewusst gehört und wahrgenommen? Oder unbewusst überhört .....?

Psalm 104 B: GL 744,1+2 (abwechselnd: Vorbeter – Gemeinde)

Hinführung zur Lesung: Jesus von Nazaret hat Menschen im Herzen berührt. Seine Art zu leben, von Gott zu erzählen und auf die Menschen zuzugehen, hat sie beeindruckt, mehr noch: für sie ist er der Messias, der Retter, der Christus. Ihm folgen sie nach und tragen seinen Namen: Christen.
Nach dem Tod Jesu am Kreuz schien alles aus zu sein. Aber die Erfahrungen mit dem Auferstanden haben nun grundlegend ihr Leben verändert. »Sie erkannten ihn am Brot brechen.« Immer wieder haben sie das erfahren, dass Jesus das Brot teilt. »Brot teilen« ist sein Erkennungszeichen geworden. Nicht nur die Jünger auf dem Weg nach Emmaus haben ihn daran erkannt.
So schlossen sie sich zusammen, trafen sich in den Häusern und teilten das Brot.

Lesung: Apg 2, 43 – 47

Einladung zur Zeichenhandlung:

»Brot teilen« gehört von Anfang an zum Kern, zur Mitte unseres Glaubens. In der Eucharistie teilen wir das Brot miteinander im Auftrag Jesu: »Tut dies zu meinem Gedächtnis.« Wir feiern seine Gegenwart, sein Dasein in unserer Mitte, sein Dasein für uns bis in die letzte Konsequenz – bis zum Tod am Kreuz.

Aber dort teilt Gott sein Leben mit ihm. So wird Jesus auferweckt, steht auf vom Tod und tritt ein für das Leben.

Wer Brot teilt, tritt ein für das Leben.

Wer Brot teilt, weiß: leben lebt vom Teilen – von Anfang an.

So lade ich Sie ein, ganz bewusst hier am Altar das Mazzenbrot miteinander zu teilen. Dein Leben lebt vom Teilen … … (dabei Orgelmusik)

ALBIN KRÄMER

6. Schweige und höre …

Liturgie der Stille

In Viernheim hatten wir zur gleichen Zeit eine ganz andere Idee: Wie wäre es denn, wenn wir in der Fastenzeit einmal auch in unseren Liturgien der Stille und der Leere einen Raum geben würden? Weniger Worte, keine Fastenpredigtreihe, stille Messen? Um neu ins Hören zu kommen?

Sehr rasch erinnerten wir uns an den Kanon »Schweige und höre, neige deines Herzens Ohr, suche den Frieden« und an das Bild des »Hörenden« von der Kathedrale in Chartres. Und so machten wir aus dem Text des Kanons und dem Bild ein kleines Gebetsbildchen, das wir zu Beginn der Fastenzeit austeilten.

Alle Zelebranten der Gottesdienste wurden gebeten, diese Elemente in den Wochen der Fastenzeit besonders zu berücksichtigen: Der Stille Raum geben, das Lied nach Möglichkeit an einer Stelle der Liturgie vorzusehen und nicht zu predigen, sondern höchstens eine Statio zu Beginn des Gottesdienstes zu halten.

Im Gemeindebrief informierten wir mit folgendem Text:

Liebe Gemeindemitglieder,
die Tage hat mich ein Sprichwort sehr berührt, das auf einem Kalenderblatt abgedruckt war: »Gott gibt, aber der Mensch muss die Hand aufmachen.« Und, so möchte ich hinzufügen – es muss eine leere Hand sein, in volle Hände kann Gott nichts mehr hineinlegen.

Immer dort, wo Hände sich um etwas krallen, um es festzuhalten, sei es Besitz, Macht, Geld oder auch ein Mensch, kann Gott nichts schenken. Immer dann, wenn wir die Hände voll haben, kann Gott nichts mehr hineinlegen.

Fastenzeit – das ist die Einladung, unsere Hände zu öffnen, loszulassen, um neu frei zu werden für das, was Gott uns schenken will.

Deshalb soll uns in diesen Wochen der österliche Bußzeit die Stille, das Schweigen, die Leere, der Raum begleiten. Nur in die Stille hinein kann Gott sprechen, nur wer schweigt, kann hören, nur die Leere kann gefüllt werden, nur dann kann der Raum neu gestaltet werden.

Wir wollen es in diesen Tagen ganz praktisch miteinander in unseren Gottesdiensten probieren – und es mag sein, dass wir da manchmal schon die Erfahrung machen werden, dass es gar nicht so einfach ist, die Stille auszuhalten, die Leere zuzulassen. Wir sind so sehr an das Tun gewöhnt – auch in unseren Gottesdiensten!! – dass wir das Lassen erst wieder neu lernen müssen.

In dem Sinn kann die Fastenzeit für uns auch eine Art »Trainingslager« sein. Neu das »lassen« lernen – in unseren Gottesdiensten, aber auch ganz persönlich in unserem eigenen Leben. Vielleicht kann das »schweige und höre« auch eine Anregung für die Gestaltung Ihres Alltags in diesen Wochen sein – einmal den Fernseher nicht einschalten, sich fünf Minuten am Tag Zeit für Gott, das Gebet zu nehmen, in die Stille gehen und sie aushalten …

Dabei wünsche ich uns allen gute Erfahrungen!

Die Gestaltungsmöglichkeiten erwiesen sich als vielfach: Da gab es einen stillen Einzug – oder auch ein stilles Hochgebet. Da las ein Priester das Evangelium, es war drei Minuten Stille, und dann wurde das Evangelium nochmals gelesen. Es wurden weniger Worte gemacht, Stille und Leere hatten Raum – und es tat irgendwie gut. Für uns war es eine faszinierende Erfahrung, als zweihundert Menschen miteinander schwiegen – für Minuten! Der Raum füllte sich, ohne dass ein Wort gesagt wurde …

Und der Kanon fand seinen Platz zu Beginn, vor dem Evangelium, als Danklied, als Orgelimprovisation zur Kommunion …

Schweige und höre, neige deines Herzens Ohr – das hat für uns in der Fastenzeit Gestalt und Raum bekommen.

ANDREA SCHWARZ / ANGELO STIPINOVICH

7. Der Herr braucht Esel – Palmsonntag
(Lesejahr C zu Lk 19,28-40)

Ein Satz, ein kleiner, kurzer Satz – bestehend aus nur vier Worten – »Der Herr braucht ihn.« Dieser Satz war die Rechtfertigung dafür, dass die Jünger Jesu einen Esel losbinden durften – einen Esel! Ist es überhaupt wert, dass wir uns Gedanken machen über einen Esel? Der Esel ist ein Tier, das manchmal ziemlich störrisch und bockig ist. Der Esel ist ein Lasttier. Es ist das Tier von armen Leuten, die sich kein Pferd leisten können. Ein Esel halt. Und ein Esel hat meistens viel zu tun – tagein, tagaus Lasten tragen. Esel sind nicht besonders schlau, deswegen sagen wir zueinander, wenn wir etwas Dummes gesagt oder getan haben »du bist ein Esel«. Jesus wählt einen Esel, kein Pferd, keine Sänfte – einen Esel, denn dieser Esel steht für dienen, für Lasten tragen, für die Einfachheit, für Armut und Mühsal. Jesus braucht einen Esel.

Es gibt viele Aufgaben in unseren beiden Gemeinden. Viele von diesen Aufgaben werden erfüllt und manche liegen brach. Oft habe ich gehört: »Nein, eine solche Aufgabe kann ich nicht übernehmen!«.

Jesus braucht einen Esel.

Und die andere Frage: Bin ich dafür würdig genug? Darf ich die Messe feiern als sündiger Mann? Darf eine Frau oder ein Mann das Wort Gottes lesen, darf ein Priester in Jesu Namen sprechen? Darf ein Mensch, der geschieden wurde und wiederverheiratet ist, sich mit der Kirche versöhnt hat, Kommunion austeilen? So oft habe ich den Satz gehört und zu mir selbst gesagt »ich bin nicht würdig«.

Die Antwort schenkt uns das Evangelium von heute. Der Herr braucht ihn, der Herr braucht einen Esel, der Herr braucht dich und mich. Man muss nicht besonders klug, besonders reich, besonders wunderbar, man muss nicht etwas besonderes sein! Dieser Esel macht deutlich, wie Jesus zu uns Menschen und zu unseren Aufgaben steht. Jesus braucht meistens einfach einen Esel. Möge Gott und sein guter Geist uns die Bereitschaft schenken, auch einmal einfach Esel zu sein.

ANGELO STIPINOVICH

KAPITEL 2

»FEIER DER VERSÖHNUNG«

Ideen und Anregungen für eine neue Form des »ungeliebten« Sakramentes

1. Vorbemerkung

Während die meisten Sakramente in unserer Kirche sich großer Aufmerksamkeit erfreuen und die entsprechende Vorbereitung oft mit einem hohen Aufwand betrieben wird, führt das Sakrament der Beichte eher ein Schattendasein. Das zeigt sich durchaus auch »bildlich«. Taufe, Erstkommunion, Firmung, Trauung, Priesterweihe – all diese Sakramente werden als große Feste gefeiert und begangen: geschmückte Kirchen, festlich angezogene Menschen, Musik und Geschenke, feierlicher Einzug und Freude auf den Gesichtern.

Beichte, Samstagnachmittag, 16.00 Uhr: Eine dunkle Kirche, der Küster räumt in der Sakristei herum, ein kleines Lichtchen aus dem Beichtstuhl, zwei Menschen sitzen verloren in den Bänken. Die Beichte in ihrer bisherigen Form ist alles andere als eine Feier und hat es als Sakrament nicht gerade leicht – und die Menschen tun sich nicht leicht damit.

Gleichzeitig ist zu erleben, dass Bußgottesdienste immerhin eine vergleichbar große Anzahl von Gläubigen erreichen – und dass Menschen durchaus bereit sind, sich und ihr Leben vor Gott zu bringen und kritisch zu überprüfen. Aber so sehr die Entwicklung zu begrüßen ist, dass die »Feier der Versöhnung« auch wieder in einen »Gemeinschaftsbezug« gestellt wird, so ist doch nur eine allgemeine Bitte um Vergebung möglich, die Absolution im eigentlichen Sinne des Sakramentes kann nicht gegeben werden.

Und ungebrochen ist die Tendenz, dass überall dort, wo Menschen Vertrauen zu Seelsorgern und Seelsorgerinnen entwickeln, das persönliche Gespräch gesucht wird, in dem man sich die belastenden Dinge von der Seele redet.

Aber Samstagnachmittag, 16.00 Uhr? Vergessen wir's!?

Es kann eigentlich nicht angehen, dass ein Sakrament »vergessen« wird, verloren geht, seine eigentliche Bedeutung verliert – und hier teilt das Sakrament der Beichte das Schicksal mit dem Sakrament der Krankensalbung, das trotz vieler Bemühungen immer noch als »Letzte Ölung« in den Köpfen der Gläubigen präsent ist und an das man sich immer erst dann erinnert, wenn ein Angehöriger im Sterben liegt – statt es als Sakrament der Stärkung in Anspruch zu nehmen.

Es muss vielmehr darum gehen, neue Zugangsformen zu diesem Sakrament zu entwickeln und zu gestalten.

Aus seiner Heimat in Südafrika brachte Pfr. Stipinovich die Idee der »Beichtgottesdienste« mit nach Deutschland – eine Art Bußgottesdienst mit integrierter Beichtmöglichkeit. Die Überlegung ist einfach: Wenn sich Menschen gegen das Leben verfehlen, liegt dem oft eine »Wurzelsünde« zugrunde, also eine Art »Muster«, das sich in verschiedenen Variationen immer wieder zeigt. Wenn ich zum Beispiel in mir den Drang verspüre, immer der Größte, Beste und Schönste zu sein, dann kann sich das in Eifersucht äußern, darin, andere klein machen zu wollen, sie vielleicht auch zu betrügen, sie aus dem Weg räumen zu wollen oder mich selbst an die Stelle Gottes setzen zu wollen …

In einem solchen »Beichtgottesdienst« kann durch eine entsprechende Gewissenserforschung dazu hingeführt werden, dass sich Menschen ihrer Sünden bewusst werden, durchaus vergleichbar zu den herkömmlichen Bußgottesdiensten – aber, und das ist der entscheidend andere Schritt: Bei diesem Gottesdienst sind mehrere Priester anwesend und während einer gewissen vorgegebenen Zeit kann man zu einem dieser Priester gehen, ihm diese »Wurzelsünde« beichten und die persönliche Absolution erlangen. Es geht nicht darum, ein ausführliches Beichtgespräch zu führen, sondern wie in einer Art »Kommuniongang« vor einem der anwesenden Priester das »entscheidend Wichtige« zu bekennen.

Uns ist das Sakrament der Beichte so wichtig und diese Form schien uns so interessant, dass wir es in unseren beiden Gemeinden damit probiert haben. Ermutigt hat uns dabei, dass wir diese Form in einigen anderen Gemeinden und auch auf Diözesanebene (wie z.B. in Speyer und München-Freising) vollkommen unabhängig von unseren Überlegungen wiedergefunden haben.

Unsere bisherigen Erfahrungen können so zusammengefasst werden:

1. Es ist wichtig, die Gläubigen vorab gründlich zu informieren und eine gewisse Motivationsarbeit zu leisten. Dies haben wir u.a. durch eine entsprechende Ausgabe unseres Liturgieblättchens versucht, das in unregelmäßigen Abständen dem Gemeindebrief beiliegt und liturgische Elemente erklärt. Die Ausgabe zum Thema »Beichte« erschien einige Wochen vor der Fastenzeit. Ca. vierzehn Tage vor den »Beichtgottesdiensten« gegen Ende der Fastenzeit haben wir dem Gemeindebrief noch

ein Flugblatt beigelegt, dass die »Stimmung« und die Fragen der Gläubigen aufgreifen sollte: »Müssen die denn da schon wieder was Neues machen?« Beide Texte sind im folgenden abgedruckt.

2. Mit Skepsis und einer gewissen Anlaufzeit ist zu rechnen. War die Beteiligung zu Beginn nur zögernd, so sind die Gläubigen inzwischen mit dieser Form vertrauter – und zunehmend schwindet die Hemmschwelle. Und es sind tiefe Erfahrungen möglich. Ein Mann, der konvertiert ist, sagte unter Tränen: »Ich hätte mir nie vorstellen können zu beichten – aber es war nur gut!«. Ein anderer: »Ich war noch nicht beichten, aber wenn ich mir das so anschau – von Mal zu Mal krieg ich mehr Lust!«

3. Zu Beginn ist es nicht einfach, aus der Bank aufzustehen und sozusagen vor den Augen der Gemeinde nach vorne zu gehen. Da kann es hilfreich sein, wenn die beteiligten Priester zuerst gegenseitig beichten, wenn die hauptamtlichen pastoralen Mitarbeiter zur Beichte gehen – ohne dass es inszeniert ist!

Am überraschendsten war für uns der letzte »Beichtgottesdienst«, der das erstemal bewusst für Familien gestaltet war. Wir hatten gezielt vor allem die Kinder, die zur Erstkommunion gehen würden, und ihre Familien eingeladen. Die »Erstbeichte« lag vier Wochen zurück – und es war uns im Hauptamtlichenteam wichtig, dass diese Beichte nicht nur eine Eintagsfliege bleibt, sondern dass die Linie fortgeführt wird. Sebastian hat uns recht gegeben. Am Montag habe ich seine Mutter im Supermarkt getroffen, und sie sagte mir: »Sebastian hat sich gestern in seinem Abendgebet bei Gott bedankt, dass er noch mal beichten durfte!«

Die Tatsache, dass die Kinder bei den Beichtvätern Schlange standen und überhaupt keine Hemmungen kannten, hat es sicher auch manchem Erwachsenen leichter gemacht, sich auf diese Form einzulassen.

4. Wichtig ist, dass die Linie fortgesetzt wird und nicht nur auf zwei Beichtgottesdienste im Jahr begrenzt bleibt. Es muss eine Atmosphäre entstehen, in der es für die Gläubigen selbstverständlich ist, dass der Priester, so voll sein Terminkalender auch sein mag, für solche Beichtgespräche zur Verfügung steht – und man muss sich überlegen, was man mit »Samstagnachmittag, 16.00 Uhr, Beichte«, machen kann, damit auch dieses Sakrament zu einem Fest wird – und nicht zu einer trüb-tristen Veranstaltung, zu der keiner kommt und die keiner will.

ANDREA SCHWARZ / ANGELO STIPINOVICH

2. Liturgieblättchen als Beilage zum Gemeindebrief

Beichte – das verlorene Sakrament

Zugegeben – die Beichte steht derzeit in unserer Kirche nicht so besonders hoch im Kurs. Es scheint ein bisschen altmodisch zu sein, es riecht ein wenig nach Muff und Staub und Beichtstuhl. Es mag ja nett gemeint sein, aber was um alles in der Welt soll *ich* denn damit?

Interessanterweise ist in unserer Gesellschaft derzeit eine durchaus gegenläufige Entwicklung zu beobachten – die Praxen der Therapeuten sind mehr als gut gefüllt, man »hat« seinen persönlichen Lebensberater, und in manchen Fernsehsendungen ist es durchaus »in«, in aller Öffentlichkeit die eigene Schuld zu bekennen und Fehler einzugestehen.

Ob möglicherweise beides etwas miteinander zu tun haben mag? Ist es vielleicht doch ein Grundbedürfnis des Menschen, in sich zu gehen, sich zu stellen, zu bekennen, dass man sich »verfehlt« hat, zu bereuen, um Vergebung zu bitten – damit man wieder anfangen kann, sich neu auf den Weg des Lebens hin orientieren kann? Und sind möglicherweise die Praxen der Therapeuten u.a. auch deshalb so voll, weil uns das Sakrament der Beichte verloren gegangen ist?

Menschen verfehlen sich, Menschen werden schuldig – sich selbst, dem Nächsten, Gott, dem Leben gegenüber. Und es sind die Momente der absoluten Ehrlichkeit, in denen wir uns dem stellen und das in Worte, in Gedanken fassen. Es sind keine leichten Augenblicke unseres Lebens – aber es sind notwendige Momente. Nur ein solches Besinnen, ein solches Eingestehen, ein solches Erkennen bringt uns dazu, uns neu zu orientieren, uns neu auszurichten.

Menschen werden schuldig. Das ist menschlich. Wir erreichen unsere Ziele nicht, wir genügen den eigenen Erwartungen nicht, wir handeln gegen unsere eigene Überzeugung. Wir wissen es eigentlich besser – und tun doch etwas Anderes. Schuldig zu werden – das gehört zu der Gebrochenheit unseres Mensch-Seins dazu. Das ist nicht immer schön, auch für einen selbst nicht – aber eben auch menschlich.

Gefährlich wird es dort, wo wir uns damit abfinden, es bagatellisieren, es auf die leichte Schulter nehmen. Gefährlich wird es deshalb, weil wir uns damit gegen das Leben, gegen das Gute, gegen all das stellen, was uns zum Leben helfen will. Wir verschreiben uns den Mächten des Unheils, den Mächten des Todes.

Und dann ist wirklich Umkehr angesagt – Umkehr hin zum Leben und zur eigenen Lebendigkeit. Als Christen glauben wir, dass vor Gott eine solche Umkehr möglich ist, weil wir von ihm geliebt sind – und dass eine solche Umkehr immer eine Umkehr auf ihn hin und damit auf das Leben ist.

Jetzt ist es eine Sache, das für sich klar zu bekommen – und das ist ja schon auch durchaus viel. Aber – was ist mein Wort ohne Antwort? Es ist wie ein »Ich liebe dich!«, dass ohne Antwort bleibt. Es ist gesagt, aber es bleibt eben doch unbeantwortet.

In der Beichte gibt es eine Antwort. Ich kann meine Schuld eingestehen, ich kann sie mir von der Seele reden, einem konkreten Gegenüber sagen – bei dem all das, was ich sage, gut aufgehoben ist. Und mehr noch: Dieses »Gegenüber« kann mir die Absolution erteilen, er spricht mich frei, er ermöglicht mir den Neuanfang – im Namen Gottes.

Das macht die Beichte so unsagbar wertvoll – und das macht dieses Sakrament, wie alle anderen Sakramente, zur Stärkung auf meinem Lebensweg, zum heilenden Sakrament dort, wo ich verwundet bin, wo ich mich selbst verwundet habe. Und auf eine solche Stärkung wollen wir freiwillig verzichten?

Bischof Kamphaus von Limburg schreibt dazu: »Solange wir mit uns selbst allein bleiben, sind wir der Gefahr der Selbsttäuschung ausgesetzt. Die Reue könnte nichts anderes bleiben als sentimentales Selbstmitleid ohne Folgen. Erst im Gegenüber zu Gott wird es ernst. Jetzt erst, im ausdrücklichen *Bekenntnis*, gibt es kein Zurück mehr. Das vor dem Priester ausgesprochene ›Ich habe gesündigt‹ hat eine andere Qualität als das bloß gedachte Bekenntnis.« Und er zitiert Dietrich Bonhoeffer: »Sünde will unerkannt bleiben, sie scheut das Licht. Im Dunkel des Unausgesprochenen vergiftet sie das ganze Wesen des Menschen. Das kann mitten in der frommen Gemeinschaft geschehen. In der Beichte bricht das Licht des Evangeliums in die Finsternis und Verschlossenheit des Herzens hinein … Indem das Sündenbekenntnis im Angesicht des christlichen Bruders geschieht, wird die letzte Festung der Selbstrechtfertigung preisgegeben.« Und Kamphaus fährt fort: »Der Mensch wird freigesprochen, weil er frei seine Sünden sagen konnte. Ein neuer Anfang ist gegeben.« (Hirtenwort von Bischof Franz Kamphaus in der österlichen Bußzeit 1984)

Das aber ist genau die heilende, die stärkende Kraft dieses Sakramentes.

Das Sakrament der Beichte, oder wie es im heutigen liturgischen Sprachgebrauch heißt: Die »Feier der Versöhnung« hat eine lange und wechselvolle Geschichte. Sünde und Schuld waren und sind Begriffe, die dem Menschen immer schon sehr deutlich bewusst waren. Sünde wird dabei verstanden als das »bewusste Ausbrechen aus dem verpflichtenden Willen Gottes, zugleich das Nein zur gottgeschenkten Berufung und wahren Selbstverwirklichung in der Nachfolge Christi« (Neues Pastoralliturgisches Lexikon). Das kann man auch genauso gut anders herum sagen: Gott will das Leben für uns und unsere Lebendigkeit. Sündig werden wir immer dann und dort, wo wir uns selbst und anderen Lebensmöglichkeiten nehmen, die Lebendigkeit abschneiden. Lebendigkeit – das heißt nicht, die eigenen Bedürfnisse »auf Teufel komm raus« durchzusetzen, sondern das heißt, sorgsam darauf hin zu schauen, was mir und meinem Leben dient, was mir wirklich gut tut. »Leben in Fülle« ist kein Quantitätsbegriff, sondern ein Qualitätsbegriff – es geht nicht um die Menge, sondern um die Tiefe und die Erfülltheit des Lebens. Gott will für mich ein solches Leben, das ist Gottes Wille – und deshalb heißt »Gottes Willen tun«, einen solchen Weg des Lebens zu gehen – und ihn zugleich anderen nicht zu verbauen.

Jesus selbst betont immer wieder die Vergebung der Sünden – und in vielen Heilungswundern besteht die Heilung des Menschen weniger in der körperlichen Gesundung, als vielmehr in der Vergebung der Sünden, dem Heil-machen der Seele.

Theologisch gesehen hat Sünde deshalb immer einen Sozialbezug: Wenn ich an mir oder anderen schuldig werde, enthalte ich der Gemeinschaft Leben vor – und ich schließe mich damit zugleich aus der Gemeinschaft der Kirche aus, weil ich den Weg des Lebens verlassen habe.

So war in den frühen Zeiten der Kirche die Exkommunikation des Sünders, also der Ausschluss von der Kommunion und damit der Gemeinschaft der Kirche, für eine bestimmte Zeit durchaus üblich. Ein solcher Ausschluss konnte dabei über Jahre gehen. Eine Wiederaufnahme in die Kirche erfolgte in der Regel am Gründonnerstag. Bekenntnis und Buße hatten damit einen öffentlichen Charakter.

Unter dem Einfluss der iro-schottischen Wandermönche im 6. Jhdt. entwickelte sich die Praxis, dass man einem Priester die Sünden beichtete, eine entsprechende Buße auferlegt bekam und nach deren Ableistung dann die Lossprechung erhielt. Die Beichte wurde zunehmend privatisiert, und es entstanden Gepflogenheiten, die dem Grundgedanken der Beichte nicht gerade zuträglich waren. So entwickelten sich regelrechte Bußbücher, d.h. für bestimmte Sünden gab es eine Art »Bußkatalog« – und es war durchaus nicht unüblich, sofern man das entsprechende Geld hatte, andere dafür zu bezahlen, dass sie für einen die auferlegte Buße verrichteten. So gab es bezahlte »Pilger« nach Santiago de Compostela, die für andere gegen Geld diesen Weg gingen.

Und so manche Großmutter und mancher Großvater weiß durchaus noch sehr anschaulich aus der Zeit zu berichten, in der im Beichtstuhl nicht die Liebe und die Versöhnung zu erleben waren, sondern Angst, der erhobene Zeigefinger und die Drohung der Verdammnis.

Dem Zweiten Vatikanischen Konzil war es ein Anliegen, dem Bußsakrament seine eigentliche Würde und Gestalt wiederzugeben. Das findet ihren Niederschlag unter anderem in der Neubenennung als »Feier der Versöhnung« – es geht darum, mich neu mit Gott, den Menschen und mit mir zu versöhnen – und diese »Versöhnung« zu »feiern«!

Zum anderen wurde die Einführung von Bußgottesdiensten angeregt, die stärker den gemeinschaftlichen Aspekt aufgreifen und damit deutlich machen sollten, dass ich am Mitmenschen schuldig werden kann – und dass ich auch auf die Vergebung des anderen angewiesen bin. Damit sollte eigentlich der Bezug zum Verständnis der Beichte in der frühen Kirche wieder hergestellt werden. Die Bußgottesdienste sind in den vergangenen Jahren durchaus zur gängigen und guten Tradition in den meisten Gemeinden geworden, sie beleuchten Akzente von Schuld und Versöhnung, die in der herkömmlichen Form des Bußsakramentes zu kurz kamen – aber sie haben keinen sakramentalen Charakter. Sie können und wollen die Beichte nicht ersetzen.

Oberflächlich gesehen mag das Sakrament der Beichte im Perlenkranz der Sakramente nicht gerade das attraktivste zu sein – es gibt andere Sakramente, für die sogar der Kirche Fernstehende die heftigsten Auseinandersetzungen initiieren, um sie zu erhalten. Aber die Beichte *ist* ein Sakrament – und damit wohnt ihr eine Tiefenwirkung inne, die wir vielleicht aus dem Blick verloren haben.

Ob es sich nicht vielleicht doch lohnen würde, dieses Sakrament wieder zu entdecken – und sich der stärkenden und heilenden Kraft dieses Sakramentes neu zu vergewissern?

Übrigens: Beichten kann man heute auch im Gesprächszimmer vom Pfarrer – es muss nicht der Beichtstuhl sein …

ANDREA SCHWARZ

3. Einladung im Gemeindebrief

Hast Du schon gehört? Die in St. Hildegard und St. Michael machen in diesem Jahr keinen normalen Bußgottesdienst mehr, sondern irgendwas Neues, irgendwas mit Beichte!? Was soll das denn sein? Und wie soll das denn gehen? Und ob man da dann überhaupt noch hinkann?

Wir laden herzlich ein zur

Feier der Versöhnung

in St. Hildegard und St. Michael

Ja, es stimmt, wir probieren etwas Neues. Und manche mögen durchaus sehr berechtigt die Frage stellen: Warum eigentlich? Das lief doch ganz gut so mit den Bußgottesdiensten bisher!?

Keine Frage – es lief bisher durchaus ganz gut mit den Bußgottesdiensten – und doch blieben zwei Fragen offen:

Mit der Beichte als Sakrament tun sich viele Christen schwer. Die Beichte entspricht in der Erlebensqualität für viele so in etwa dem jährlichen Zahnarztbesuch: Man weiß, man sollte hin, aber irgendwie ist es auch grad nicht so besonders angenehm – und dann lässt man es lieber sein. Dazu mag kommen, dass viele mit dem Sakrament Erfahrungen verbinden, die manchmal noch aus der eigenen Kinderzeit stammen – und die sind, zugegeben, nicht immer positiv. Da kann der Bußgottesdienst schon eine Möglichkeit sein, für sich persönlich Gewissenserforschung zu halten, sich auf die Umkehr zu besinnen, die eigenen Verfehlungen zu bereuen – ohne sich damit auf die Beichte selbst einlassen zu müssen.

Schade eigentlich – denn damit geht ein Sakrament verloren, von dem eine unsagbar heilende und befreiende Wirkung ausgehen kann – wenn man sich darauf einlässt. Und zu fragen bleibt dann natürlich schon, wieso man soviel Energie in die Vorbereitung der Erstkommunionkinder auf die Beichte hin investiert, wieso man im Glaubenskurs bei der Vorbereitung auf die Firmung den persönlichen Gesprächen so einen hohen Stellenwert beimisst – wenn dann die Beichte nicht mehr vorkommt. Bußgottesdienste, so wichtig und gut sie sind, wollen und können das Sakrament der Beichte nicht ersetzen – sondern sie sollten eigentlich darauf hinführen.

Da in einem Bußgottesdienst der sakramentale Charakter fehlt, kann auch nicht die persönliche Absolution erfolgen – und genau das ist eigentlich der entscheidende Punkt: Ich kann zwar bereuen, aber mir wird die Vergebung nur allgemein zugesagt. Wenn mich der Priester in Stellvertretung persönlich von meinen Sünden losspricht, hat das eine ganz andere Tiefendimension – und kann deshalb befreiend und heilend wirken.

Naja gut – und wie soll das jetzt gehen?

Erst einmal: Die »Feier der Versöhnung« ist auch ein ganz normaler Bußgottesdienst – und man kann ganz normal an ihm teilnehmen. Keiner muss beichten, keiner muss das Gespräch mit dem Priester suchen. Andererseits: Man *kann* mit dem Priester sprechen, man *kann* die persönliche Absolution erhalten – aber es kann und will nicht das ausführliche Beichtgespräch ersetzen. Die »Feier der Versöhnung« ist genau dazwischen angesiedelt.

Es gibt einen Wortgottesdienst, in dem eine Gewissenserforschung vorgesehen ist. Darauf folgt das allgemeine Schuldbekenntnis.

Dann – und das ist sozusagen das neue und zusätzliche Element – wird es eine Zeit geben, in der Priester an den verschiedenen Stellen in der Kirche zu einem Gespräch bereit stehen. Wer möchte – und nur, wer möchte, kann zu einem der Priester gehen und ihm die für ihn wichtigste Sache unter vier Augen persönlich sagen, auf die hin dann die persönliche Absolution erfolgen kann. *Damit diese Phase in einem zeitlich überschaubaren Rahmen bleibt, ist von beiden Seiten eine Begrenzung auf das wirklich Wesentliche notwendig!*

Diejenigen, die dieses persönliche Gespräch nicht möchten, können währenddessen einfach in der Bank sitzen bleiben und sich die Zeit für sich und ihren Gott nehmen. Dabei wollen meditative Musik und Texte helfen.

Die »Feier der Versöhnung« endet dann mit einem gemeinsamen Abschluss.

Zugegeben – es ist neu für Viernheim, es ist ungewohnt. Aber wäre es nicht möglicherweise einen Versuch wert? Könnte das, was wir dabei geschenkt bekommen könnten, es nicht rechtfertigen, es zumindest einmal zu versuchen?

Auch das Sakrament der Beichte will ein Sakrament sein, das uns stärken will. Und so könnte es gerade ein Zeichen von Stärke sein, sich diesem Sakrament wieder zu nähern.

Für Nachfragen stehen Ihnen die Mitglieder des Pastoralteams gerne zur Verfügung!

ANDREA SCHWARZ

4. Konkreter Ablauf und praktische Erfahrungen

Der konkrete Ablauf lässt sich eigentlich sehr flexibel gestalten. Folgende Elemente sind sinnvoll, denkbar und möglich:

→ Liturgische Eröffnung und Begrüßung
→ Gebet
→ Lesung
→ Predigt
→ Gewissenserforschung
→ Läuten der Bußglocke
→ Allgemeines Schuldbekenntnis
→ Bußlitanei
→ Inhaltliche Einführung und Vorstellung der Priester
→ »Beichtzeit« mit persönlicher Absolution
→ Allgemeine Bitte um Vergebung
→ Tauferneuerung mit Asperges
→ Magnificat
→ Vaterunser
→ Segen

Dazwischen können natürlich Lieder, Musikstücke oder Stille ihren Ort haben. Im folgenden sind zwei konkrete Abläufe von solchen Beichtgottesdiensten dokumentiert.

Andererseits – wenn ein solcher Gottesdienst nicht länger als eine Stunde dauern soll – und davon allein 20 Minuten für die »Beichtzeit« gebraucht werden, dann wird die Gestaltung auch dadurch begrenzt.

Wichtig für das »Gelingen« eines solchen Gottesdienstes, d.h. auch für eine Atmosphäre, in der Menschen sich »mitnehmen« lassen zu sich selbst und zu Gott, ist eine gute organisatorische und inhaltliche Vorbereitung. Einige ganz praktische Dinge sollen deshalb aus der Erfahrung heraus noch erwähnt werden:

→ Damit fünf oder sechs Priester bei dem Gottesdienst dabei sein können, muss der Termin rechtzeitig klar sein und müssen die Anfragen früh gestartet werden. Gegebenenfalls muss auch die Idee und Struktur des »Beichtgottesdienstes« noch einmal vorgestellt werden. Die Priester werden gebeten, Stola und Albe mitzubringen und sich 15 Minuten vor dem Gottesdienst für letzte Absprachen in der Sakristei zu treffen. In der Regel gerne angenommen wird die Einladung zum anschließenden Abendessen oder Imbiss, bei dem es auch möglich ist, sich über die gemachten Erfahrungen auszutauschen. Bisher haben wir für jeden der bei uns angebotenen Gottesdienste ausreichend Priester gefunden, in diesem Jahr mussten wir sogar erstmalig Priestern absagen, da alle »Priesterplätze« bereits belegt waren.

→ Wenn diese Form für die Gemeinde ungewohnt ist, dann muss eine entsprechende »Aufklärungsarbeit« geleistet werden z.B. über den Gemeindebrief.

→ Bei der Planung für den Gottesdienst selbst sollte darauf geachtet werden, dass möglichst viele Sinne angesprochen werden: Da kann z.B. Licht eingesetzt werden, indem während der Gewissenserforschung die Kirche eher dunkel ist. Eine Weihrauchschale vor dem Altar ist denkbar, in die jeweils nach einen Block von Besinnungsfragen Weihrauch eingelegt wird. In die Stille hinein kann die Bußglocke läuten. Man kann auf einen Wechsel von Männer- und Frauenstimmen achten, auf einen Wechsel von hören und selbst sprechen.

→ Wichtig ist, dass die »Ecken« für die Gespräche mit den Priestern zum einen gut abgeschirmt sind, zum anderen liebevoll gestaltet sind. Solche »Ecken« haben wir jeweils in der Sakristei eingerichtet, in den beiden Beichtzimmern, auf der Empore und an beiden Seiten des Altarraumes, gegebenenfalls durch Stellwände, die mit Stoff überzogen sind, geschützt. An jeder »Ecke« hängt der Name des entsprechenden Priesters, die der Gemeinde vorher auch vorgestellt wurden. Jede »Gesprächsecke« hat zwei Stühle und einen kleinen Tisch mit Deckchen, einer kleinen Blumenvase mit einer Rose, einer Kerze mit Streichhölzern und einem Kreuz.

→ Die »Beichtzeit« selbst wird mit einem »leisen Klangteppich« durch die Orgel untermalt, so dass keiner Angst haben muss, dass das, was er in die Stille hinein sagt, irgendwo gehört werden könnte. Dort, wo nicht eindeutig erkennbar ist, ob jemand bei einem Priester gerade zum Beichten ist, z.B. auf der Empore, stehen Helfer bereit.

→ Wichtig ist der dringende Hinweis, dass es nicht um ausführliche Beichtgespräche gehen kann, sondern um das Beichten der »Wurzelsünde«. Für Beichtgespräche kann ein extra Termin vereinbart werden. Absolut notwendig ist es auch, dass der Gottesdienst nach zwanzig

Minuten Beichte fortgesetzt wird und einen gemeinsamen Abschluss findet. Dazu hat es sich als hilfreich erwiesen, dass der Priester, der dem Gottesdienst vorsteht, selbst in der Sakristei ist. Damit ist gewährleistet, dass die anderen Priester gegebenenfalls über die vorgesehene Beichtzeit hinaus und eventuell auch nach dem Gottesdienst noch zur Beichte zur Verfügung stehen können, ohne dass dadurch der liturgische Ablauf »durcheinander« gerät.

➜ Bewährt hat sich die Erstellung eines »Teilnehmerheftes«, in dem die einzelnen Elemente aufgeführt sind, die Lieder abgedruckt sind – und Texte zur persönlichen Besinnung für die Zeit, in der gebeichtet wird, angeboten werden. Hilfreich ist es, diese Texte so auszuwählen, dass sie zu den Inhalten des Gottesdienstes passen. Wir haben uns dagegen entschieden, die Besinnungsfragen abzudrucken, da sonst die Gefahr groß ist, dass man »vor-liest« und nicht mehr zuhört.

➜ Der Aufwand für eine solche Form scheint hoch zu sein, aber wenn der gleiche Gottesdienst in mehreren Gemeinden angeboten wird, z.B. im Rahmen eines Pfarrverbandes oder einer Seelsorgeeinheit, dann hält er sich durchaus in Grenzen. Ich kann mit einem Brief Priester für vier verschiedene Termine anfragen, ich kann mit einem Teilnehmerheft vier Gottesdienste abdecken – und mit einem eingespielten Team von drei Leuten sind die »Gesprächsecken« in einer dreiviertel Stunde aufgebaut. Wenn durch solch eine intensiv gestaltete Form Menschen wieder einen Zugang zum Sakrament der Beichte finden, wenn die Zahl der Teilnehmer an diesen Gottesdiensten kontinuierlich steigt, dann ist der Aufwand durchaus gerechtfertigt. Und die Menschen werden nur dann etwas ernst nehmen, wenn sie merken, dass es auch uns damit ernst ist – und dass wir bereit sind, dafür etwas zu tun.

ANDREA SCHWARZ / ANGELO STIPINOVICH

5. Ablauf der Feier der Versöhnung

»Steh auf und iss – sonst ist der Weg zu weit für dich!«
(1 Kön 19,4-8)

Die Kirche ist nur spärlich erleuchtet

Zum Einzug: Orgelmusik
Einzug aller beteiligten Priester
Liturgische Eröffnung durch den Priester, der dem Gottesdienst vorsteht
Eröffnungsgebet
Lied: Gotteslob Nr. 160 – Bekehre uns, vergib die Sünden – Str. 1,2,3
Einführung
Lesung: 1 Kön 19,4 – 8 (Meßlektionar Lesejahr B, 19. Sonntag im Jahreskreis)

Elija selbst ging eine Tagesreise weit in die Wüste hinein. Dort setzte er sich unter einen Ginsterstrauch und wünschte sich den Tod. Er sagte: Nun ist es genug, Herr. Nimm mein Leben, denn ich bin nicht besser als meine Väter. Dann legte er sich unter den Ginsterstrauch und schlief ein. Doch ein Engel rührte ihn an und sprach: Steh auf und iss! Als er um sich blickte, sah er neben seinem Kopf Brot, das in glühender Asche gebacken war, und einen Krug mit Wasser. Er aß und trank und legte sich wieder hin. Doch der Engel des Herrn kam zum zweitenmal, rührte ihn an und sprach: Steh auf und iss! Sonst ist der Weg zu weit für dich. Da stand er auf, aß und trank und wanderte, durch diese Speise gestärkt, vierzig Tage und vierzig Nächte bis zum Gottesberg Horeb.

Antwortgesang Psalm 51: Gotteslob Nr. 85, 2 + 3
Stille

Predigt:

Liebe Mitchristen,
»steh auf und iss – sonst ist der Weg zu weit für Dich!« – auf den ersten Blick ein seltsames Motto für einen Beichtgottesdienst, eine solche Feier der Versöhnung. Das Motto ist der Lesung aus dem 1. Buch der Könige entnommen, die wir gerade eben gehört haben – und dieser Satz

wird dem Propheten Elija von einem Engel zugesagt. Ja, mehr noch – er wird ihm nicht nur zugesagt, sondern Elija bekommt auch tatsächlich noch Brot und Wasser hingestellt. Und er isst und trinkt und darf noch einmal schlafen – um sich dann von neuem auf den Weg zu machen.

Elija ist ein Mann Gottes. Wir wissen nicht viel von ihm, es geht keine Berufungsgeschichte voraus, er ist auf einmal einfach da. Verschwinden tut er allerdings etwas spektakulärer – in einer Fahrt gen Himmel, zu dem ihn feurige Rosse entziehen. Mag sein, dass er gerade deshalb zum Patron der Flieger erkoren wurde. Er war einer, der mit der Erde und dem Himmel vertraut war – und das macht ja auch heute einen guten Piloten aus. Dazwischen hat er eine sehr wechselvolle Rolle gespielt – ein machtvoller Prophet, der dann aber von Gott irgendwie in den vorläufigen Ruhestand versetzt wurde, ein Mann, der die Einsamkeit lebte, der Begegnung erfahren durfte – und die absoluten Missverständnisse, die daraus erwachsen können, einen Mann, der im Dienste seines Gottes steht – und ihn zugleich doch herausfordert, ein Mann, der in seiner Leidenschaft über Grenzen hinausschießt – und der doch die zärtliche und leise Gegenwart Gottes erleben darf. Es ist ein Mann, der so beispielhaft all die Stationen eines Lebens mit Gott wiederspiegelt, dass manche Theologen sagen, dass Elija gar nicht gelebt habe, sondern als Idealtypus eines Propheten »konstruiert« worden sei.

Ob Elija wirklich gelebt hat oder nicht – das finde ich eigentlich ziemlich unwichtig. Ich glaube, dass er mir etwas zu sagen hat – auf meinem Weg zu und mit Gott. Auch das Märchen von Schneewittchen hat sich so mit Sicherheit nicht konkret ereignet – und doch sagt es mir etwas darüber, dass Liebe einen Menschen erlösen und befreien kann.

Die Szene, die wir heute Abend in den Mittelpunkt unserer »Feier der Versöhnung« gestellt haben, ist eine Szene, die wir wohl alle aus unserem Leben gut kennen. Da hat sich einer so sehr engagiert, so sehr ins Zeug gelegt, dass er ausbrennt. Er hat mehr gegeben als an Kraft nachgewachsen ist. Und irgendwann kommt dann der Punkt, an dem man nicht mehr will, nicht mehr kann. Man hat einfach keine Lust mehr – und man hat auch keine Lust mehr, noch irgendwie Lust zu haben. »Burn-out«, so heißt es auf gut neudeutsch. Im Mittelalter nannte man das sinnigerweise »Elias-Müdigkeit«. Vor ihr ist keiner gefeit, der sich leidenschaftlich für etwas einsetzt – für seine Familie, seine Arbeit, Gott. Man wird müde, man sieht so wenig Erfolg, man fragt sich nach dem Sinn des eigenen Lebens.

Aber dieser Zustand erwischt irgendwann auch diejenigen, die einfach vor sich hin in ihren Tag hinein leben, sich nur auf's Wochenende freuen, auf den nächsten Urlaub. Irgendwann fragt man sich – und das soll alles gewesen sein?

Oder mag sein, das Leben bricht ein – die vernichtende Diagnose des Arztes, der Tod des Partners, zu früh, das Scheitern der eigenen Träume …

Irgendwann kommt jeder von uns irgendwie an den Punkt, wo er nicht mehr will, nicht mehr kann. So wie Elija unter seinem Ginsterstrauch mitten in der Wüste …

Es gehört zum Mensch-Sein dazu, an unsere eigenen Grenzen zu stoßen. Und auch wenn wir noch so gut fliegen könnten, dorthin, wo die Freiheit grenzenlos zu sein scheint, so werden wir doch immer wieder in unsere irdische Realität zurückgeholt.

Und wir sind immer noch nicht beim Thema »Beichten«. Oder vielleicht doch? Ist nicht gerade das der Grundgedanke der Beichte, mich in meiner menschlichen Begrenztheit vor Gott zu bringen, ihm mein Scheitern, meine Müdigkeit, meine Hoffnungslosigkeit, meine Angst regelrecht vor die Füße zu werfen? Mich bei ihm zu beschweren und zu protestieren? Und bei all dem dann ein wenig nachdenklich zu werden – und vielleicht zu erkennen: Was ist denn mein Anteil an all dem? Wo und wann bin ich übers Ziel hinausgeschossen? Habe ich überhaupt richtig hingehört? Höre ich Gott überhaupt noch?

Es ist menschlich. Und gerade deshalb finde ich es so unsagbar tröstlich, wie Gott auf diesen Propheten Elija reagiert, der da vor ihm liegt und einfach am Ende ist. Er beschuldigt ihn nicht, er klagt ihn nicht an, er streitet nicht mit ihm, er macht ihm keine Vorwürfe – kein Wort von all dem. In seiner Zärtlichkeit schickt er einen Engel – einen Boten Gottes. Gott weiß ziemlich genau, dass er jetzt nicht direkt auftreten kann – das könnte sein Prophet in der Situation überhaupt nicht mehr verkraften. Deswegen schickt er einen Mittler, seinen Engel, deshalb Brot und Wasser, um den entkräfteten Propheten zu stärken, deshalb der Schlaf, damit die Kräfte wieder wachsen können.

Auch uns wendet sich Gott in unserer Not zu, er ist da, wenn wir unter unseren Grenzen leiden, wenn wir mal wieder nicht so waren, wie wir eigentlich gerne wären. Gott geht uns nach. Und wir sind eingeladen, vor Gott innezuhalten, uns zu besinnen, uns einzugestehen, wo wir den

Weg verfehlt haben, wo wir nicht bereit waren, den Engel im eigenen Leben zuzulassen, das, was uns stärken soll, nicht angenommen haben – sich das vor Gott einzugestehen, genau das ist eigentlich Beichte. Man stellt sich selbst vor Gott – und man stellt sich selbst. Und genau das ist wiederum Wasser und Brot, macht die zarte Berührung des Engels möglich! Das können wir vom Propheten Elija lernen – zu unseren Grenzen zu stehen, einzugestehen, wo wir gefehlt haben und uns neu aufrichten lassen, Gott und dem Leben entgegen.

Dafür steht der Engel bei Elija, dafür stehen Wasser und Brot. Dafür stehen in der Eucharistie Brot und Wein. Dafür steht das Sakrament der Beichte.

Steh auf und iss! Die Aufforderung gilt auch uns. Genau das ist beichten – nicht mehr und nicht weniger.

Meditatives Orgelspiel (kurz)

Gewissenserforschung
(Licht ausschalten – nur Altarraum beleuchten – vor dem Altar Weihrauchschale, in die bei jedem »Block« von Besinnungsfragen Weihrauch eingelegt wird – eventuell Rauch mit Licht sichtbar machen)

Sprecher 1: Der Prophet Elija war ein »Gottesmann«. Wenn wir auf ihn und sein Leben schauen, können wir erkennen, wo wir uns verfehlt haben, wo wir vom rechten Weg abgekommen sind, wo wir uns gegenüber Gott, den Menschen und uns selbst versündigt haben.

Sprecher 2: Bin ich wirklich bereit dazu?

Ganz kurzes Orgelspiel – 20 Sekunden

Sprecher 1: Geh und verbirg dich! Elija hat dem König die Dürre prophezeit, die das Land heimsuchen wird, weil sich das Volk von Gott abgewendet hat. Elija bekommt von Gott die Weisung, hinabzusteigen zum Bach Kerit, wo ihn die Raben versorgen werden. Er soll in die Einsamkeit, er soll hinabsteigen zum Grund seiner selbst, er soll zurück zu seinen Quellen.

Sprecher 2:

→ Wie ist das in meinem Leben? Lebe ich Gott zugewendet oder habe ich mich schon abgewandt?

→ Höre ich Gottes Stimme überhaupt noch? Oder ist es in meinem Leben so laut geworden, dass sie darin untergeht?

→ Nehme ich mir Zeit für mich und meinen Gott? Sorge ich für die Quellen, aus denen ich lebe? Lebe ich aus der Tiefe?

→ Kann ich mich auch wegbegeben vom Schauplatz der Ereignisse oder muss ich immer im Mittelpunkt stehen?

→ Kann ich auch für mich sorgen lassen oder will ich immer alles alleine tun?

Kurzes Orgelspiel – ca. 1 Minute

Sprecher 1: Geh und bleibe! Elija wird zur Witwe von Sarepta geschickt und soll dort bleiben. Beide geben einander das, was sie haben, was sie sind – das letzte Öl im Krug, das letzte Mehl im Topf die eine, seine Bedürftigkeit und seine Fähigkeiten, Menschen zum Leben zu erwecken, der andere. Sie teilen ihr Leben miteinander.

Sprecher 2:

→ Kann ich überhaupt noch an einem Ort bleiben – oder jage ich von Ort zu Ort, von Termin zu Termin, nur um nichts zu verpassen?

→ Kann ich mich noch wirklich auf Beziehungen, auf Freundschaft, auf Liebe einlassen – sehe ich nur mich oder auch den anderen? Benutze ich den anderen, nur um selbst geliebt zu werden?

→ Kann ich hergeben, was ich habe, was ich bin – lasse ich andere an meinem materiellen Besitz teilhaben, an meinen Fähigkeiten, meinen Talenten, meinen Gefühlen, meinen Grenzen, meinem Leben? Oder behalte ich alles für mich?

→ Glaube und vertraue ich dem anderen, auch wenn der Augenschein dagegen spricht?

→ Dürfen meine Gefühle noch in mir leben?

Kurzes Orgelspiel

Sprecher 1: Geh und zeig dich! Die Zeit ist da, sich der Auseinandersetzung mit der Macht zu stellen. Elija soll sich dem König zeigen. Der Prophet aber, so lange Zeit schon aus dem Verkehr gezogen, schießt weit über sein Ziel hinaus. Er inszeniert einen Gotteskampf mit den Vertretern der feindlichen Macht und nötigt Gott geradezu, ihm zur Hilfe zu kommen.

Sprecher 2:
→ Bin ich bereit, mich aus der Geborgenheit heraus in die Welt zu wagen, die mir oft genug nicht freundlich gesinnt ist? Kann ich loslassen?
→ Stelle ich mich den Realitäten oder mache ich lieber die Augen zu?
→ Stehe ich hin für meinen Glauben und für meinen Gott?
→ Kann ich Auseinandersetzungen annehmen und wage ich es, auch Konflikte einzugehen? Oder verleugne ich mich und meine Überzeugungen, nur um keinen Streit zu riskieren?
→ Finde ich immer das rechte Maß oder schieße ich auch manchmal über mein Ziel hinaus, weil ich möglichst perfekt sein will?

Kurzes Orgelspiel

Sprecher 1: Steh auf und iss! Sonst ist der Weg zu weit für dich! Zu groß war das Engagement, zu groß die Leidenschaft – und es hat nichts bewirkt. Elija ist an seine Grenzen gestoßen, nachdem er das Unmögliche möglich gemacht hat. Jetzt aber ist es zuviel. Er kann nicht mehr, und er will nicht mehr. Er hat abgeschlossen mit seinem Leben, wünscht sich den Tod. Und gerade dann kommt ein Engel, weckt den Schlafenden behutsam auf, gibt ihm Wasser und Brot – und weist ihn wieder auf den Weg.

Sprecher 2:
→ Kann ich meine Grenzen annehmen und akzeptieren? Oder lebe ich über meine Grenzen hinaus?
→ Mag ich mich selbst so, wie ich bin? Oder will ich doch anders sein – besser, stärker, mächtiger?
→ Wenn ich am Ende bin – gebe ich dem Engel überhaupt eine Chance? Lasse ich mich aufwecken? Lasse ich mich stärken?
→ Bin ich bereit, durch meine Müdigkeit, meine Resignation, mein Dunkel hindurch mich neu auf den Weg zu machen?

→ Liebe ich das Leben – oder ist es mir schon zur Selbstverständlichkeit geworden?

Kurzes Orgelspiel

Sprecher 1: Komm heraus und stell dich! Gestärkt durch den Zuspruch des Engels, durch Wasser und Brot, kann Elija wieder aufbrechen und wandert vierzig Tage und vierzig Nächte durch die Wüste bis zum Gottesberg Horeb. Dort verbirgt er sich in einer Höhle. Gott aber ruft ihn heraus: »Was willst du hier, Elija?« Und Elija sagt: »Mit leidenschaftlichem Eifer bin ich für den Herrn eingetreten – und ich bin alleine übrig geblieben.« Mag sein, dass er gedacht hat: »Auch du hast mich verlassen!« Als Antwort zieht Gott vorbei. Aber Elija findet Gott nicht im Feuer, nicht im Sturm, nicht im Erdbeben, er findet ihn im sanften leichten Säuseln des Windes.

Sprecher 2:
→ Bin ich bereit, den Schutz der Höhle zu verlassen und mich Gott zu stellen?
→ Ist Gott wirklich mein Adressat für meine Beschwerde, mein Klagen, meinen Protest?
→ Bin ich mit leidenschaftlichem Eifer für den Herrn eingetreten?
→ Habe ich Gott nur im Großen und Mächtigen gesucht – oder war ich auch bereit, ihn im Kleinen und Schwachen zu finden?
→ Lebe ich das, was mir geschenkt worden ist?

Kurzes Orgelspiel

Sprecher 1: Geh zurück! Die Antwort Gottes auf die Situation des Elija ist ein neuer Auftrag. Geh zurück in deinen Alltag! Geh zurück durch die Wüste! Verändert mag der Prophet gewesen sein nach der Gottesbegegnung. Er geht anders in den Alltag zurück, als er gekommen ist. Er wird zum Grenzgänger – er hat Gott erfahren und soll jetzt wieder zu den Menschen. Es geht darum, Himmel und Erde miteinander zu verbünden, Gott zu den Menschen zu bringen und die Menschen zu Gott.

Sprecher 2:

→ Gott hat einen Auftrag auch für mich ganz persönlich. Bin ich bereit, diesen Auftrag anzunehmen und ihn auszuführen – oder flüchte ich mich lieber in meine Bequemlichkeit?

→ Vor lauter Leidenschaft für den Herrn kann man manchmal die Menschen vergessen. Lebe ich meinen Glauben im Alltag – und woran erkennen die Menschen, mit denen ich lebe, dass ich Christ bin?

→ Bin ich Grenzgänger zwischen Gott und der Welt, vermittle ich, dolmetsche ich? Oder habe ich mich in einer Welt eingenistet und will mit der jeweils anderen nichts zu tun haben?

→ Bin ich bereit, diese Spannung in mir auszuhalten und zu leben?

→ Bin ich bereit, mit Gott zu leben?

Kurzes Orgelspiel

Stille
Läuten der Bußglocke
Einladung zum Schuldbekenntnis
Allgemeines Schuldbekenntnis: Ich bekenne Gott, dem Allmächtigen, ...«

Bußlitanei:

V: Heiliger Gott
A: Komm und bekehre uns
V: Schau gnädig auf uns   A: Komm und bekehre uns
V: Geh uns nach   A: Komm und ...
V: Verlass uns nicht
V: Bleib bei uns
V: Geh mit uns

V: Heiliger, starker Gott
A: Herr, erbarme dich
V: Du bist die Liebe   A: Herr, erbarme dich
V: Du hast uns ins Leben gerufen A: Herr, ...
V: Du willst unsere Lebendigkeit
V: Du gibst dich selbst, damit wir leben
V: Du rufst uns zum Leben

V: Heiliger, starker, unsterblicher Gott
A: Bleibe bei uns
V: Du kennst uns und unser Leben   A: Bleibe bei uns
V: Dir können wir vertrauen   A: Bleibe …
V: Dir können wir unsere Schuld eingestehen
V: Vor dir dürfen wir sein
V: Mit dir können wir leben

Abschließendes Gebet

*Inhaltliche Einführung in die »Feier der Versöhnung« für den
einzelnen und Vorstellung der Priester*

*Bekenntnis und Lossprechung der einzelnen, währenddessen
meditative Musik*

Allgemeine Bitte um Vergebung

Lied: GL 227, 1-3, 9-12 »Danket Gott, denn er ist gut«
(Licht wieder einschalten)

Weihrauchspende und Magnificat (GL Nr. 261)

Friedensgruß und Zeichen des Friedens

Vaterunser (gesungen)

Segen

Entlassung

Schlusslied: GL 289 »Herr, deine Güt ist unbegrenzt«

ANDREA SCHWARZ

6. Beichtgottesdienst für Familien

Zu dem Kanon »Schweige und höre«

Kirche nur mäßig beleuchtet
Stiller Einzug – Priester legt Weihrauch in die Weihrauchschale
Liturgische Eröffnung
Einführung
Text und/oder Gebet
Lied: Schweige und höre, neige deines Herzens Ohr, suche den Frieden
(mehrfach hintereinander gesungen)
Die Kinder werden verabschiedet und verlassen die Kirche. Für sie wird
parallel ein eigener Wortgottesdienst angeboten.

Stille

Lesung: Am 5,7.10-15

Weh denen, die das Recht in bitterer Wermut verwandeln und die
Gerechtigkeit zu Boden schlagen. Bei Gericht hassen sie den, der zur
Gerechtigkeit mahnt, und wer Wahres redet, den verabscheuen sie. Weil
ihr von den Hilflosen Pachtgeld annehmt und ihr Getreide mit Steuern
belegt, darum baut ihr Häuser aus behauenen Steinen – und wohnt nicht
darin, legt ihr euch prächtige Weinberge an – und werdet den Wein nicht
trinken. Denn ich kenne eure vielen Vergehen und eure zahlreichen Sünden. Ihr bringt den Unschuldigen in Not, ihr lasst euch bestechen und
weist den Armen ab bei Gericht. Darum schweigt in dieser Zeit, wer klug
ist; denn es ist eine böse Zeit. Sucht das Gute, nicht das Böse; dann werdet
ihr leben, und dann wird, wie ihr sagt, der Herr, der Gott der Heere, bei
euch sein. Hasst das Böse, liebt das Gute, und bringt bei Gericht das
Recht zur Geltung! Vielleicht ist der Herr, der Gott der Heere, dem Rest
Josefs dann gnädig.

Stille
Predigt
Musikstück

Besinnungsfragen:

I. Schweige und höre
- Gibt es in meinem Leben Zeiten und Orte, in denen das Schweigen Raum hat, in denen ich ins Hören kommen kann – oder will ich überall dabei sein, überall mitreden können?
- Kann ich mich auch zurücknehmen – oder muss und will ich überall im Mittelpunkt stehen?
- Höre ich noch auf Gott in meinem Leben, ist er der Mittelpunkt für mich – oder habe ich ihn an den Rand gedrängt, in den Nischen abgestellt, damit er mein Leben nicht allzu sehr stört?

Kurze Orgelmusik

II. Neige deines Herzens Ohr
- Höre und sehe ich nur mit dem Verstand – oder ist auch mein Herz Gott, dem anderen, ja mir selbst zugeneigt?
- Stelle ich mich über andere, mache mich größer als sie, indem ich sie klein mache – oder wende ich mich ihnen liebend zu?
- Kann ich Gott Gott sein lassen – oder neige ich dazu, mich selbst an die Stelle Gottes zu setzen, Geld, Macht und Besitz zu »vergötzen«?

Kurze Orgelmusik

III. Suche den Frieden
- Habe ich wirklich den Frieden gesucht, den Frieden mit Gott, dem Mitmenschen, mit mir selbst – oder habe ich im Unfrieden gelebt, ja vielleicht sogar Unfrieden gestiftet??
- Habe ich mich aufgemacht, um den Frieden wirklich zu suchen – oder bin ich gemütlich sitzen geblieben und habe darauf gewartet, dass ich vom Frieden gefunden werde?
- Habe ich anderen dabei geholfen, ihren Frieden zu suchen und zu finden – oder konnte ich sie nicht im Frieden lassen?

Kurze Orgelmusik

IV. Suche das Gute
- Weiß ich wirklich, was gut für mich und andere ist – oder falle ich doch immer wieder auf irgendwelche Trugbilder, leere Versprechungen, falsche Erwartungen, glänzende Vierfarbprospekte herein?

- Will ich mir und den anderen wirklich gut – oder denk ich manchmal insgeheim doch, dass ich es eigentlich nicht verdient habe – und der andere erst recht nicht?
- Kann ich gönnen, kann ich mir etwas gönnen, den anderen etwas gönnen? Oder neide ich dem anderen sein Glück und gestehe es mir nicht zu?

Kurze Orgelmusik

V. Und der Herr, der Gott der Heere, wird bei euch sein
- Vertraue ich wirklich den Zusagen Gottes – oder will ich manchmal nicht doch lieber alles selbst und alleine machen?
- Lebt die Hoffnung in mir, dass Gott mit mir, mit uns ist – oder habe ich den Glauben an das Unglaubliche schon aufgegeben?
- Glaube ich daran, dass das Leben stärker ist als der Tod – und habe ich meinen Teil dazu getan und gelebt?

Kurze Orgelmusik
Zu den einzelnen Blöcken der Besinnungsfragen wird Weihrauch aufgelegt

Stille
Läuten der Bußglocke
Allgemeines Schuldbekenntnis
Bußlitanei
Inhaltliche Einführung
Die Kinder kommen wieder herein und setzen sich in die Bänke
»Beichtzeit«
Allgemeine Bitte um Vergebung
Tauferneuerung
Asperges
Magnificat
Vaterunser
Segen
Schlusslied oder Orgel

ANDREA SCHWARZ

7. Wortgottesdienst für die Kinder

Das Thema der Erstkommunionvorbereitung lautete »Lasst uns eine Brücke bauen«. Da für diesen Beichtgottesdienst besonders die Kinder und ihre Familien eingeladen worden waren, die in diesem Jahr zur Erstkommunion gehen sollten, bot es sich an, den Wortgottesdienst für die Kinder auch zu diesem Motto zu gestalten.

Die Kinder ziehen aus der Kirche in den Gemeindesaal. Dort ist ein Stuhlkreis vorbereitet, auf dem für jedes Kind ein kleines Heft mit den Liedern abgedruckt ist sowie Mandalas zum Ausmalen, außerdem je eine Zeichnung einer geballten und geöffneten Faust.

Gemeinsam singt man ein Lied, und es gibt eine kurze Einführung. Danach wird die Geschichte »Die Brücke« von Natalie Oettli (aus dem Buch »Brücken bauen«, herausgegeben von J. Modler, Herder Verlag 1987, 3. Auflage) vorgelesen, vorbereitet sind Tücher und Ziegelsteine.

Die Brücke

Max und Peter waren Schüler der dritten Klasse. Sie wohnten einander gegenüber in derselben Straße einer kleinen Stadt. Früher waren sie dicke Freunde gewesen, dann war es aus einem unerfindlichen Grund zu Streit gekommen, und sie hatten begonnen, einander wie böse Feinde zu hassen.

Lief Max aus dem Tor seines Hofes, so schrie er über die Straße: »He, du Dummkopf!« Und er zeigte dem früheren Freund die Faust.

Und Peter gab zurück: »Wie viele solche Mistkäfer, wie du einer bist, gehen wohl auf ein Kilo?« Dabei drohte auch er mit der Faust.

Ihre Schulkameraden versuchten mehrmals, die beiden zu versöhnen, aber alle Mühe war umsonst: Sie waren richtige Starrköpfe. Schließlich fingen sie an, einander mit Schmutzklumpen zu bewerfen.

Einmal regnete es besonders stark.

(Mit blauen Tüchern wird das Wasser dargestellt)

Dann verzogen sich die Wolken, und die Sonne zeigte sich wieder, aber die Straße stand unter Wasser. Wer sie überqueren wollte, tastete mit dem Fuß ängstlich nach der Tiefe des Wassers und wich wieder zurück.

Max trat aus dem Haus, blieb beim Hoftor stehen und schaute mit Vergnügen um sich: Alles war so sauber und frisch nach dem Regen und glänzte in der Sonne. Plötzlich aber verfinsterte sich sein Gesicht. Er sah seinen Feind Peter am jenseitigen Hoftor stehen. Und er sah auch, dass Peter einen großen Stein in der Hand hielt.

»So, so«, dachte sich Max, »du willst also einen Stein nach mir werfen. Nun gut, das kann ich auch!«

Er lief in den Hof zurück, suchte und fand einen Ziegel und lief wieder auf die Straße, zur Abwehr bereit.

Doch Peter warf den Stein nicht nach dem Feind. Er kauerte sich an den Straßenrand und legte ihn behutsam ins Wasser. Dann prüfte er mit dem Fuß, ob der Stein nicht wackle, und verschwand wieder.

Der Stein sah wie eine kleine Insel aus.

»Ach so«, sagte sich Max. »Das kann ich auch.« Und er legte seinen Ziegel ebenfalls ins Wasser.

Peter schleppte schon einen zweiten Stein herbei. Vorsichtig trat er auf den ersten und senkte den zweiten ins Wasser, in einer Linie mit dem Ziegel seines Feindes. Dann holte Max drei Ziegelsteine auf einmal.

So bauten sie einen Übergang über die Straße. Leute standen zu beiden Seiten: sie schauten den Knaben zu und warteten. Schließlich blieb nur ein Schritt zwischen dem letzten Ziegel und dem letzten Stein. Die Knaben standen einander gegenüber. Seit langer Zeit blickten sie sich zum erstenmal wieder in die Augen, und Max sagte: »Ich habe eine Schildkröte. Sie lebt bei uns auf dem Hof. Willst du sie sehen?«

(An den entsprechenden Textstellen werden Ziegelsteine auf die »Wasserstelle« gesetzt – zum Abschluss der Geschichte probieren zwei Kinder aus, auf den Ziegelsteinen die »Wasserstelle« zu überqueren)

Mit den Kindern wird kurz gesammelt, was Hände Positives und Negatives tun können, die Beiträge werden durch die entsprechenden Handbewegungen unterstützt.

Dann wird die Zeichnung der geballten Faust betrachtet. In einer Besinnungszeit überlegt jedes Kind für sich:

Wann balle ich die Faust?

Wann bin ich so verschlossen und hart wie die geballte Faust?

Wann verletze ich Menschen?

Dann wird die Zeichnung der geöffneten Hand betrachtet:

Wann möchte ich auf Menschen zugehen?
Möchte ich mich entschuldigen oder fehlt mir der Mut?
Für wen möchte ich eine offene Hand und ein offenes Herz haben?

Die Fragen werden vorgelesen, dazu wird leise Meditationsmusik einge-spielt.

Miteinander wird das Lied von Rolf Krenzer gesungen »Ich will eine Brücke bauen«.

Die Kinder werden über den weiteren Ablauf des Beichtgottesdienstes informiert und ziehen wieder in die Kirche ein. Nach der Beichte können sie mit bereitliegenden Buntstiften das Mandala in dem Heft ausmalen.

CHRISTINA FEIFER

8. Texte zur Besinnung
(für das Textheft)

Im Ablaufplan war folgender Text abgedruckt:
Wer möchte, kann jetzt in den kommenden zwanzig Minuten zu einem
*der anwesenden Priester gehen und ihm **das Wichtigste** sagen, was er*
oder sie für sich erkannt hat, sozusagen die Grundwurzel seiner Sünde.
Daraufhin kann er die persönliche Absolution erhalten.
Wer nicht beichten möchte, kann die Zeit in Stille verbringen. Texte zur
Meditation finden Sie am Ende des Teilnehmerheftes. Oder Sie lassen sich
einfach von den Klängen der Orgel mitnehmen …
Wenn Sie ein ausführliches Beichtgespräch führen möchten, können Sie
über die Pfarrbüros einen Termin mit Pfarrer Stipinovich vereinbaren.

Mit leeren Händen
stehe ich vor Dir, Herr,
mit leeren Händen
stehe ich vor dir
und bringe dir nichts
als meine Armut und Blöße
meine Fehler und Schwächen
mein Zittern und Weinen
und meine kleine Hoffnung.

Mit leeren Händen
stehe ich vor Dir, Herr,
und lasse los
Besitz und Leistung
Absicht und Verkrampfung
Maske und Fassade
und jede trügerische Hoffnung.

Mit leeren Händen
stehe ich vor Dir, Herr,

und bitte dich
um Einsicht und Empfänglichkeit
um Demut und Gelassenheit
um Stille und Wärme
und um starke Hoffnung.

(Quelle unbekannt)

◆◆◆

Ich bin da vor dir, mein Gott. Ich versuche, mein Leben zu verstehen. Du kennst und verstehst mich besser, als ich mich kenne und verstehe. Vor dir darf ich ans Licht bringen, was in mir dunkel ist. Dir muss ich nichts vormachen. Ich darf meine Masken ablegen, darf endlich sein, wie ich bin, wer ich bin. Vor dir darf ich zulassen, was ich vor meinen Mitmenschen zu verbergen versuche. Vor dir darf ich annehmen, was ich sonst nicht an mir wahrhaben will. Wenn um mich herum und auch in mir Stimmen laut werden, die sagen, was nicht sein darf, gibst du dein Wort und sagst zu mir: Du darfst sein. Du darfst sein mit all deinen Fehlern und Schwächen, mit deinem Versagen und deinen Sünden.

Gott, durch Christus hast du mich und mein Leben angenommen – und du hast mich mit all meinen Schwächen und Fehlern angenommen. Durch Christus sagst du mir: Nimm dich an, so wie ich dein Leben angenommen habe.

Ja, Gott, hilf mir, mich zu erforschen. Komm mir mit deinem Heiligen Geist zu Hilfe, damit ich es wage, in das Dunkel meines Lebens zu schauen. Hilf mir, mich zu verstehen.

Schenk mir das Vertrauen und die Hoffnung, dass sich das Dunkel in mir in Licht und Leben verwandelt. Befreie mich in Jesus Christus und durch die Kraft des Heiligen Geistes zu neuem Leben. Amen.

(Aus dem Gesang- und Gebetbuch der deutschsprachigen Schweiz)

◆◆◆

Wenn ich jetzt sterben müsste, würde ich sagen: »Das war alles?« Und: »Ich habe es nicht so richtig verstanden.« Und: »Es war ein bisschen laut.«   *Kurt Tucholsky*

◆◆◆

Wie willst du die Fähigkeit zuzuhören bewahren, wenn du niemals zuhörst? Dass Gott für dich Zeit haben soll, hältst du sicher für ebenso selbstverständlich wie dies, dass du keine Zeit für Gott haben kannst.

Dag Hammarskjöld

◆◆◆

Viele mögen sich nicht. Können sich selbst nicht akzeptieren. Verachten den eigenen Körper. Sind unversöhnt mit ihrem Schatten. Trauen sich nicht. Gönnen sich nichts. Gehen nicht gut mit sich um. Bestrafen ständig sich selbst. Und halten sich dabei für fromm.

Viele lieben nur sich. Sind Egoisten, Ellenbogenmenschen, Ausbeuter, Schmarotzer. Lassen sich's wohl sein auf Kosten anderer. Und merken es nicht einmal.

Viele trauern um gestern, leben nach rückwärts. Tausend verpasste Gelegenheiten: Ach, hätte ich doch! Oder träumen von morgen: Was sie alles könnten und tun würden, wenn erst … und wenn nicht …
Und vergessen darüber: Ich lebe nur einmal!

Ich halte es mit Rabbi Hillel, der sagte:
»Wenn ich nicht liebe – wer dann?
Wenn ich nur mich liebe – wer bin ich?
Wann sonst – wenn nicht jetzt?«

Hermann Josef Coenen

◆◆◆

Gott
Schuldig bin ich geworden
vor Dir
vor mir selbst
und vor den Menschen
die Du liebst
Ich habe mich eingenistet
in eine falsche Welt
Ich habe mich selbst in die Enge getrieben
und kann nicht mehr weiter
Ich habe das Gut verschleudert
das den Armen gehört
Ich habe ihnen das Brot nicht gegeben
das ihnen zusteht
Ich bin Menschen unwürdig begegnet
habe sie wie Sachen behandelt
Ich bin nicht der
der ich sein sollte
Gott
Schuldig bin ich geworden
vor Dir
vor mir selbst
und vor den Menschen
die Du liebst

Anton Rotzetter

KAPITEL 3

DIE DREI ÖSTERLICHEN TAGE VOM LEIDEN, VOM TOD UND DER AUFERSTEHUNG DES HERRN

1. Vorbemerkung

Fest des Glaubens. Fest der Hoffnung. Fest der Befreiung. Fest des Sieges.

Die ganze Spannbreite des Lebens, durch den Tod hindurch, wird im höchsten Fest des christlichen Glaubens gefeiert.

Die Grundelemente des menschlichen Seins werden hervorgeholt, geschichtlich erzählt, im Glauben eingebettet, liturgisch gefeiert und schließlich in dem Sendungsauftrag Jesu Christi an uns Menschen zum offenen Abschluss gebracht. Die Gemeinschaft von Gründonnerstag, die Tragik und scheinbare Endgültigkeit des Todes am Karfreitag mündet in die Stille der Verzweiflung des Karsamstags. Die endgültige Proklamation des Sieges vom Guten über das Böse, vom Leben über den Tod stimmen die Christgläubigen in der Osternacht jubelnd an. Ostersonntag ist das Fest der Auferstehung, das Fest des Versprechens Gottes im neuen Bund, dass er alles, selbst den Tod, wandeln kann und will. Es ist das Fest des Lebens und der Lebendigkeit.

Dabei aber bleibt es nicht stehen – das Leben geht weiter. Und so ist auch das Evangelium vom Ostermontag und die Erzählung von den Jüngern, die verzweifelt Jerusalem den Rücken kehren, zweifelsohne ein Spiegelbild unseres Lebens – auch heute noch. Wie oft fällt uns das Leben so schwer, dass selbst der Glaube versagt. Immer wieder und immer neu ist es notwendig, Jesus im Brechen des Brotes zu begegnen, damit wir Augen und Ohren öffnen, um mit den Emmausjüngern sprechen zu können »Bleibe bei uns Herr!«.

ANGELO STIPINOVICH

2. »Ich habe euch ein Beispiel gegeben ...

Eine Gestaltung der Abendmahlsmesse am Gründonnerstag

Wir hatten zwölf Kinder und Jugendliche gebeten, sich in diesem Gottes-dienst die Füße waschen zu lassen – und wir haben die Mitglieder des Pas-toralteams und die Vorsitzenden der Pfarrgemeinde- und Verwaltungsrä-te gebeten, diesen Dienst zeichenhaft zu tun. In der Predigt wurde dies so aufgegriffen:

Meine lieben Schwestern, liebe Brüder, liebe Kinder, liebes Pastoralteam, liebe Mitglieder der ehrenamtlichen Gruppen in unseren beiden Ge-meinden St. Hildegard und St. Michael.

Heute Abend haben wir versucht darzustellen, was Gemeinschaft und Gemeinde bedeutet. Die Pfarrsekretärinnen, die Zivildienstleisten-den, die Gemeindereferenten und -Referentinnen, Mitglieder des Ver-waltungsrates, des Pfarrgemeinderates, wir Priester – wir haben Kindern und Jugendlichen die Füße gewaschen. Wir haben versucht dazustellen, was »dienen« bedeuten kann. Ganz bewusst haben wir in diesem Jahr Kinder ausgewählt, Kinder und Jugendliche – warum? Weil wir glauben, dass unser Dienst, der Dienst unserer Kirche und unserer Gemeinschaft ein Dienst ist, der sich lohnt, ein Dienst an und für unsere Zukunft, an und für die Zukunft unserer Welt.

Gerade in diesen Tagen haben wir viel gehört und gelesen über das neue Gesetz in Holland zur Sterbehilfe, hier in unseren Schulen haben viele junge Männer und Frauen ihre Prüfungen für das Abitur hinter sich gebracht oder sind noch mittendrin, wir lesen über die Spannungen in China und in den USA, und immer wieder sind wir entsetzt von Bil-dern aus dem Nahen und Mittleren Osten. Mittendrin konnte man letz-te Woche im FOCUS einen Bericht über Frauen und Männer in der Kir-che lesen, die Kinder missbraucht haben – und auch in unseren Gemeinden herrscht nicht immer nur Frieden. Grund genug, alles zu stecken, alles aufzugeben?

Nein – aber Grund genug, um erneut die Frage zu stellen: Was soll das? Jahr ein, Jahr aus, 2000 Jahre lang – und es gibt immer noch Krieg, es gibt immer noch böse Menschen. Und selbst wir Christen schaffen es nicht, miteinander zu reden, sondern ziehen es vor, übereinander zu reden, schaffen es nicht immer, die eigenen Bedürfnisse in den Hintergrund zu stellen, obwohl wir eigentlich im Dienst der Menschen, im Dienst der Gemeinde stehen sollten.

Das Symbol heute Abend, liebe Schwestern und Brüder, ist Aufforderung und Mahnung zugleich. Wenn wir nicht bereit sind, einander die Füße zu waschen, dann können wir den Weg des Christseins nicht gehen.

Es macht mich manchmal sehr traurig, immer wieder an mir selbst feststellen zu müssen, dass ich manchmal zu groß geworden bin für die kleinen Dienste der Liebe – und manchmal zu klein für die großen Dienste der Liebe. Jesus zeigt uns einen Weg. Er hat uns das Beispiel gegeben – bis in den Tod.

Ich danke allen Männern und Frauen, allen Jugendlichen und Kindern, die in ihrer ureigenen Art und Weise, einen Dienst in unserer Stadt, in unserer Mitte, in unserer Gemeinschaft tun – klein wie groß. Ich bitte Gott, dass er uns weiterhin ermahnt und in unserem Alltag daran erinnert, dass es um das Dienen geht – und ich flehe den Heiligen Geist an, dass er uns allen auch zukünftig den Mut geben möge, weiter zu machen, trotz allen Misserfolgs. Ich bitte heute Abend uns als Gemeinde, für alle Frauen und Männer zu beten, damit ihr Dienst in unserer katholischen Kirche von unserem Gebet getragen werden kann – damit er ertragen werden kann.

Jesu Handeln ist Beispiel, Aufforderung und Mahnung – »ich habe euch ein Beispiel gegeben, damit auch ihr so handelt, wie ich an euch gehandelt habe«. Ein Dienst an der Zukunft, ein Dienst an Kindern und Jugendlichen – und ein Weg in die Zukunft hinein.

Gott segne uns und alle, die versuchen, diesen Dienst zu tun.

ANGELO STIPINOVICH

Dunkles Gebet

Ich schreie
und du kommst nicht

ich weine
und du tröstest mich nicht

ich bettle
und du hörst mich nicht

von Gott
verlassen

aber
immer noch

du
sagen

ANDREA SCHWARZ

3. Liturgie des Karfreitags

Die Grundidee dieser Gestaltung des Karfreitags ist, dass Passion nicht ein Geschehen damals und dort war, sondern hier und heute ist. Immer wieder wird Christus von uns ans Kreuz geschlagen – und immer wieder lässt er sich aus Liebe zu uns auf das Kreuz festnageln.

Auf oder vor dem Altar stehen sieben brennende Kerzen sowie die Osterkerze des vergangenen Jahres. Vor dem Altar liegen zwei Holzbalken, ca. ein und zwei Meter lang, in der Mitte jeweils so eingekerbt, dass sie ineinander passen.

Das Lesen (oder Singen) der Passion wird durch Besinnungsfragen unterbrochen. Vor und nach den Besinnungsfragen wird jeweils eine Kerze gelöscht, und die beiden Holzbalken durch das Einschlagen eines Nagels kreuzförmig miteinander verbunden. Bei der letzten Unterbrechung der Lesung der Passion wird auch die Osterkerze gelöscht.

Das Holzkreuz wird auf die Stufen des Altarraumes gelegt – und zur Kreuzverehrung bringen die Gläubigen Blumen zu diesem Kreuz. Nach der Karfreitagsliturgie wird das Holzkreuz in einem Ständer im Altarraum aufgestellt, eventuell an Ostern mit Blumen von der Kreuzverehrung geschmückt.

Der Abschluss der Karfreitagsliturgie sind die Improperien, die in ihrer Intensität eine Vertiefung des liturgischen Geschehens darstellen – und denen im wahrsten Sinne des Wortes nichts mehr hinzuzufügen ist.

Liturgisch halten wir eine integrierte Kommunionfeier nicht für sinnvoll, möchten aber trotzdem den Wunsch einiger Gläubiger akzeptieren, auch an diesem Tag die Kommunion zu empfangen. So haben wir uns entschieden, zehn Minuten nach Abschluss der Karfreitagsliturgie in einer kleinen Wortgottesdienstfeier die Kommunion zu empfangen anzubieten.

Die Feier vom Leiden und Sterben Christi

Stiller Einzug
Prostratio des Priesters vor dem Altar
Eröffnungsgebet

I. Wortgottesdienst

Lesung aus dem Alten Testament: Jes 52,13 – 53,12
Antwortpsalm
Lesung aus dem Neuen Testament: Hebr 4,14-16; 5,7-9
Ruf vor der Passion

Passion
Joh 18,1-11

Eine Kerze wird ausgeblasen

→ Die Jünger begleiten Jesus auf seinem Weg. Gehe ich in meinem Alltag noch den Weg Jesu, den Weg der Liebe, den Weg der Hoffnung,
den Weg des Lebens? Was zählt wirklich in meinem Alltag?

→ Jesus sagt von seinen Jüngern: Ich habe keinen von denen verloren,
die du mir gegeben hast. Kann es sein, dass ich mich verloren habe,
weil ich das Ziel aus den Augen verloren habe, den falschen Weg
gewählt habe?

→ In seinem Übereifer zieht Petrus das Schwert. Wann habe ich nicht auf
Jesus gehört, sondern habe einfach blind drauflos geschlagen? Wann
wollte ich etwas verteidigen, weil ich mich bedroht gefühlt habe?
Wann habe ich andere unnötig angegriffen und verletzt?

Eine Kerze wird ausgeblasen.
Ein Nagel wird ins Kreuz geschlagen

Joh 18,12-27

Eine Kerze wird ausgeblasen

Petrus hat Angst. Er folgt Jesus nach, aber er bekennt sich nicht zu ihm, sondern verleugnet ihn.

→ Wann habe ich meinen Glauben dadurch verleugnet, dass ich geschwiegen habe, wo ich das Wort hätte ergreifen müssen? Dadurch, dass ich nicht gehandelt habe, sondern weggeschaut habe? Dadurch, dass ich nicht Partei ergriffen habe?

→ Wann hat mich die Angst so besetzt, dass ich der Wahrheit keinen Raum geben konnte?

→ Wann habe ich meinen Glauben durch die Art und Weise, wie ich lebe, verleugnet? Wann sind Macht und Einfluss, Gewinn und Prestige, Geld und Leistung, so wichtig geworden, dass ich die Liebe und die Barmherzigkeit, die Hoffnung und das Vertrauen, verraten und verkauft habe?

Eine Kerze wird ausgeblasen
Ein Nagel wird ins Kreuz geschlagen

Joh 18, 28 – 19,16a

Eine Kerze wird ausgeblasen

→ Jeder, der aus der Wahrheit ist, hört seine Stimme – höre ich die Stimme Jesu noch? Oder ist es in meinem Leben so laut und umtriebig, dass seine Worte gar keine Chance mehr in meinem Leben haben? Lebe ich noch aus der Wahrheit heraus – oder was besetzt mich so, dass ich sie nicht mehr zulassen kann?

→ Und sie schrieen noch lauter – passe ich mich an das an, was die Mehrheit sagt und meint? Tue ich das, was man halt tut? Bloß nicht auffallen, nur nicht anecken, nur nicht anders sein? Habe ich meine persönliche Meinung hergegeben, um nicht ausgestoßen zu werden?

→ «Ans Kreuz mit ihm!« – wann wollte ich das vernichtet sehen, was mich in seiner Andersartigkeit scheinbar bedroht? Sind meine Meinungen und Urteile zu Verurteilungen geworden? Habe ich es mir mit meinen Urteilen zu einfach gemacht? War ich barmherzig mit denjenigen, die anders leben, sich anders entschieden haben, als ich es tun würde?

→ Wir haben ein Gesetz und nach diesem Gesetz muss er sterben – wann war in meinem Leben das Gesetz wichtiger als die Liebe? Wann hat die Norm die Freiheit so beschnitten, dass dabei die Lebendigkeit verloren gegangen ist?
→ Wann und wo habe ich dich gekreuzigt?

Eine Kerze wird ausgeblasen
Ein Nagel wird ins Kreuz geschlagen

Joh 19,16b-27

Alle stehen auf

Joh 19,28-30

Alle knien hin
Eine Kerze wird ausgeblasen
Ein Nagel wird ins Kreuz geschlagen
Die Osterkerze wird ausgeblasen

Joh 19,31-42

Große Fürbitten (eventuell in Auswahl)

II. Kreuzverehrung

Gebet bei der Kreuzenthüllung
Die Gemeinde betet stehend

Priester: Seht das Kreuz, an dem der Herr gehangen, das Heil der Welt.
Alle: Kommt, lasset uns anbeten.
(3x)
*Zur Kreuzverehrung kommt jeder einzelne zum Kreuz und legt mit einer
verehrenden Geste eine Blume ans Kreuz.*

Gebet nach der Kreuzverehrung
Alle: Dein Kreuz, o Herr, verehren wir, und deine heilige Auferstehung
preisen und rühmen wir: Denn siehe, durch das Holz des Kreuzes kam
Freude in alle Welt.
Priester: Gott sei uns gnädig und segne uns. Er lasse sein Angesicht
über uns leuchten und erbarme sich unser.
Alle: Dein Kreuz, o Herr, verehren wir, und deine heilige Auferstehung
preisen und rühmen wir: Denn siehe, durch das Holz des Kreuzes kam
Freude in alle Welt.

Improperien
Alle: Mein Volk, was habe ich dir getan, womit nur habe ich dich
betrübt? Antworte mir.
Priester: Aus der Knechtschaft Ägyptens habe ich Dich herausgeführt.
Du aber bereitest das Kreuz deinem Erlöser.
Alle: Mein Volk, was habe ich dir getan, womit nur habe ich dich
betrübt? Antworte mir.

Priester: Heiliger Gott. *Alle:* Heiliger Gott.
Priester: Heiliger, starker Gott. *Alle:* Heiliger, starker Gott.
Priester: Heiliger, unsterblicher Gott, erbarme dich unser.
Alle: Heiliger, unsterblicher Gott, erbarme dich unser.
Priester: Vierzig Jahre habe ich dich geleitet durch die Wüste.
Ich habe dich mit Manna gespeist und dich hineingeführt in das Land
der Verheißung. Du aber bereitest das Kreuz deinem Erlöser.

Priester: Heiliger Gott. *Alle:* Heiliger Gott.
Priester: Heiliger starker Gott ....

Priester: Was hätte ich dir mehr tun sollen und tat es nicht? Als meinen erlesenen Weinberg pflanzte ich dich, du aber brachtest mir bittere Trauben, du hast mich in meinem Durst mit Essig getränkt und mit der Lanze deinem Erlöser die Seite durchstochen.

Priester: Heiliger Gott. *Alle:* Heiliger Gott.
Priester: Heiliger starker Gott ....

Priester: Deinetwegen habe ich Ägypten geschlagen und seine Erstgeburt, du aber hast mich geschlagen und dem Tod überliefert.
Alle: Mein Volk, was habe ich dir getan, womit nur habe ich dich betrübt? Antworte mir.
Priester: Ich habe dich aus Ägypten herausgeführt und den Pharao versinken lassen im Roten Meer, du aber hast mich den Hohenpriestern überliefert.
Alle: Mein Volk, was habe ich ...
Priester: Ich habe vor dir einen Weg durch das Meer gebahnt, du aber hast mit der Lanze meine Seite geöffnet.
Alle: Mein Volk, was habe ich ...
Priester: In einer Wolkensäule bin ich dir vorangezogen, du aber hast mich vor den Richterstuhl des Pilatus geführt.
Alle: Mein Volk, was habe ich ...
Priester: Ich habe dich in der Wüste mit Manna gespeist, du aber hast mich ins Gesicht geschlagen.
Alle: Mein Volk, was habe ich ...
Priester: Ich habe dir Wasser aus den Felsen zu trinken gegeben und dich gerettet, du aber hast mich getränkt mit Galle und Essig.
Alle: Mein Volk, was habe ich ...
Priester: Deinetwegen habe ich die Könige Kanaans geschlagen, du aber schlugst mir mit einem Rohr auf mein Haupt.
Alle: Mein Volk, was habe ich ...
Priester: Ich habe dir ein Königszepter in die Hand gegeben, du aber hast mich gekrönt mit einer Krone von Dornen.
Alle: Mein Volk, was habe ich ...

Priester: Ich habe dich erhöht und ausgestattet mit großer Kraft, du aber erhöhtest mich am Holz des Kreuzes.
Alle: Mein Volk, was habe ich …

Stiller Auszug

15 Minuten nach dem Gottesdienst kann die Hl. Kommunion in Stille im Altarraum empfangen werden.

ANDREA SCHWARZ / ANGELO STIPINOVICH

voller schmerzen
mit krankheit vertraut

fallen
abgrundtief
bodenlos

zerbrochen
hingeworfen
ausgeblutet

tiefe
dunkel
ende

schweigen
stille
starre

und
ein leib
bäumt sich

glieder
verzerren

ein schrei
zerreißt

und
stürzt

und
verliert sich

in
mir

hinabgestiegen

in mein reich
des todes

ANDREA SCHWARZ

4. Die Feier der Osternacht

Die Liturgie der Osternacht ist wohl eine der eindrücklichsten liturgischen Feiern – und doch ist sie für die Gemeinden oft nicht leicht zu feiern und nachzuvollziehen. Mancherorts brennt das Osterfeuer auf buchstäblich »kleiner Flamme« fast unbeachtet vor der Kirchentür vor sich hin, während die Gottesteilnehmer sich im Dunkeln im Inneren der Kirche schon mal einen guten Platz suchen, die zahlreichen, wirklich kostbaren Lesungen finden in ihrer »Aneinanderreihung« oft nicht die gewünschte Aufmerksamkeit und werden deshalb teilweise auch gar nicht erst gelesen und, sofern eine Taufe stattfindet, wirkt sie oft wie ein eingefügtes, weiteres liturgisches Element, das aber mit dem Ablauf der Osternacht nur wenig zu tun zu haben scheint.

Gerade weil uns die Liturgie der Osternacht von ihren einzelnen Elementen her so wichtig ist und wir diesen Reichtum den Mitfeiernden neu erschließen wollten, haben wir überlegt, ob eventuell eine andere Reihenfolge der einzelnen Elemente hilfreich sein könnte. Es wäre schade, wenn die Kostbarkeit jeder einzelnen Lesung der Osternacht durch die »Massivität eines Lesungsblockes« verloren ginge bzw. um gerade dies zu vermeiden, manche Lesungen schon gar nicht mehr vorgesehen sind.

Wenn sowohl die Feier der Osternacht als auch die Auswahl der Lesungen einen Weg Gottes mit den Menschen nachvollziehen und aufzeigen wollen, dann müsste es doch eigentlich auch möglich sein, diese beiden Stränge miteinander zu verzahnen. Wir haben es einfach mal probiert – und geschaut, zu welchem Element der Liturgie würde welche Lesung, eventuell in gekürzter und konzentrierter Form, passen. Zu unserer eigenen Überraschung fanden sich erstaunliche Parallelen, die durchaus dazu beitragen, sich gegenseitig in ihrem je eigenen Sinn zu erschließen. So begleitet uns das Wort Gottes durch die gesamte Feier hindurch.

Wenn – vielleicht auch: »weil« – diese Form der Feier für die Gemeinden im ersten Jahr noch ungewohnt war, so war doch durchweg eine höhere »Aufmerksamkeit« festzustellen, die uns dazu bewogen hat, es auch im Jahr darauf mit diesem Ablauf zu probieren. Der »Zufall« wollte es, dass in diesem Jahr in der Osternacht eine Taufe anstand – und so überlegten wir noch einmal: Auch der Taufritus will ja eigentlich diesen Weg Gottes mit uns

Menschen aufgreifen und verdeutlichen. Und so müsste es eigentlich doch möglich sein, auch die einzelnen Elemente der Taufe in diesen Ablauf zu integrieren, z.B. indem man die Taufkerze an der eben entzündeten Osterkerze anzündet. Und auch das ergab durchaus seinen Sinn ...

Hinzu kam die Einladung der katholischen Gemeinde an die evangelische Nachbargemeinde, miteinander die Osternacht am Osterfeuer zu eröffnen. Im Rahmen des im folgenden vorgestellten Ablaufes scheint uns dies problemlos möglich zu sein: Die Vertreter beider Gemeinden bringen jeweils eine Osterkerze mit, die am Feuer entzündet wird und der anderen Gemeinde überreicht wird. Die Gemeinde, die jeweils zu Gast ist, wird dann nach einem gemeinsamen Gebet verabschiedet und feiert ihre je eigene Liturgie. Denkbar wäre durchaus, sich anschließend wieder zu einem gemeinsamen Sektempfang oder einem Osterfrühstück zu treffen.

Im folgenden dokumentieren wir zum einen diesen Ablauf der Feier der Osternacht, in dem der Übersichtlichkeit wegen die Einfügung der einzelnen Taufelemente weggelassen ist. Andererseits sind die Lesungen in der Form aufgenommen, wie sie gelesen wurden, um ein unnötiges Nachschlagen und Nachlesen von Schriftstellen zu vermeiden. Die Elemente, die als vertraut voraus gesetzt werden können, sind lediglich unter ihrem Stichwort aufgeführt, wie z.B. »Allerheiligenlitanei«.

Für diejenigen, die daran interessiert sind, wie sich die Elemente der Taufe mit diesem Ablauf verbinden lassen, ist anschließend eine kurze Zusammenstellung angefügt, die eine Verzahnung leicht möglich macht.

Wir sind uns bewusst, dass wir uns damit auf ein liturgisch durchaus anfragbares Gebiet begeben. Man kann darüber streiten und anderer Meinung sein. Trotzdem: Noch nie in einer Osternachtsfeier, die wir erlebt haben, haben so viele Lesungen sinnvoll ihren Platz gefunden, konnten die einzelnen Elemente sich gegenseitig so zum »Leuchten« bringen. Und all das, was zugleich »Wesensmerkmal« der Feier der Osternacht ist, kommt vor, wenn auch manchmal an einer etwas anderen und ungewohnten Stelle.

Wir verstehen unsere Überlegungen nicht als Absage an die bewährte und traditionelle Liturgie, sondern als ein Aufgreifen und einen Versuch des Fortschreibens. Und wenn unsere Überlegungen genauso verstanden werden könnten – und sich dabei vielleicht auch noch als hilfreich erweisen würden (und sei es nur zur persönlichen Auseinandersetzung mit der Liturgie der Osternacht), dann wäre unser Ziel schon erreicht.

Die Gemeinde sammelt sich am Osterfeuer (vor der Kirche oder sonst einem geeigneten Platz) – nach Möglichkeit ist für eine Übertragung in die Kirche zu sorgen, da manche Gemeindemitglieder gerne die Osternacht in der dunklen Kirche beginnen möchten oder gesundheitsbedingt müssen.
Priester und Ministranten ziehen heran
Ein Saxophonspieler spielt eine Variation zu Gen 1

Lesung aus dem Buch Genesis am Osterfeuer
(nach der Übersetzung von Martin Buber)
Ministranten leuchten mit Fackeln

Im Anfang schuf Gott den Himmel und die Erde.
Die Erde aber war Irrsal und Wirrsal.
Finsternis über Urwirbels Antlitz.
Braus Gottes schwingend über dem Antlitz der Wasser.
Gott sprach: Licht werde! Licht ward.
Gott sah das Licht: dass es gut ist.
Gott schied zwischen dem Licht und der Finsternis.
Gott rief dem Licht: Tag! Und der Finsternis rief er: Nacht!
Abend ward und Morgen ward: Ein Tag.
Gott sprach:
Gewölb werde inmitten der Wasser
und sei Scheide von Wasser und Wasser!
Gott machte das Gewölb
und schied zwischen dem Wasser
das unterhalb des Gewölbs war
und dem Wasser
das oberhalb des Gewölbs war.
Es ward so.
Dem Gewölb rief Gott: Himmel!
Abend ward und Morgen ward: zweiter Tag.
Gott sprach:
Das Wasser unterm Himmel staue sich an einen Ort,
und das Trockene lasse sich sehn!

Es ward so.

Dem Trockenen rief Gott: Erde! und der Stauung der Wasser
rief er: Meere!

Gott sah, dass es gut ist.

Gott sprach:

Sprießen lasse die Erde Gesproß,

Kraut, das Samen samt,

Fruchtbaum, der nach seiner Art Frucht macht,

darin sein Same ist,

auf der Erde!

Es ward so.

Die Erde trieb Gesproß,

Kraut, das nach seiner Art Samen samt,

Fruchtbaum, der nach seiner Art Frucht macht

darin sein Same ist.

Gott sah, dass es gut ist.

Abend ward und Morgen ward: dritter Tag.

Gott sprach:

Leuchten seien am Gewölb des Himmels,

zwischen dem Tag und der Nacht zu scheiden,

dass sie werden zu Zeichen,

so für Gezeiten

so für Tage und Jahre,

und seien Leuchten am Gewölb des Himmels,

über die Erde zu leuchten!

Es ward so.

Gott machte die zwei großen Leuchten,

die größte Leuchte zur Waltung des Tags

und die kleinre Leuchte zur Waltung der Nacht,

und die Sterne.

Gott gab sie ans Gewölb des Himmels,

über die Erde zu leuchten,

des Tags und der Nacht zu walten,

zu scheiden zwischen dem Licht und der Finsternis.

Gott sah, dass es gut ist.

Abend ward und Morgen ward: vierter Tag.

Gott sprach:

Das Wasser wimmle, ein Wimmeln lebenden Wesens,

und Vogelflug fliege über der Erde

vorüber dem Antlitz des Himmelsgewölbs!

Gott schuf die großen Ungetüme

und alle lebenden regen Wesen,

von denen das Wasser wimmelte, nach ihren Arten,

und alle befittichten Vögel nach seiner Art.

Gott sah, dass es gut ist.

Gott segnete sie, sprechend:

Fruchtet und mehrt euch und füllt das Wasser in den Meeren,

und der Vogel mehre sich auf Erden!

Abend ward und Morgen ward: fünfter Tag.

Gott sprach:

Die Erde treibe lebendes Wesen nach seiner Art,

Herdentier, Kriechgerege und das Wildlebende des Erdlands

nach seiner Art!

Es ward so.

Gott machte das Wildlebende des Erdlands nach seiner Art

und das Herdentier nach seiner Art

und alles Gerege des Ackers nach seiner Art.

Gott sah, dass es gut ist.

Gott sprach:

Machen wir den Menschen in unserem Bild nach unserem Gleichnis!

Sie sollen schalten über das Fischvolk des Meeres, den Vogel des Himmels,

das Getier, die Erde all, und alles Gerege, das auf Erden sich regt.

Gott schuf den Menschen in seinem Bilde,

im Bilde Gottes schuf er ihn,

männlich, weiblich schuf er sie.

Gott segnete sie,

Gott sprach zu ihnen:

Fruchtet und mehrt euch und füllet die Erde und bemächtigt euch ihrer!

Schaltet über das Fischvolk des Meers, den Vogel des Himmels

und alles Lebendige, das auf Erden sich regt!

Gott sprach:

Da gebe ich euch

Alles samensäende Kraut, das auf dem Antlitz der Erde all ist,

und alljeden Baum, daran samensäende Baumfrucht ist,
euch sei es zum Essen,
und allem Lebendigen der Erde, allem Vogel des Himmels,
allem was auf Erden sich regt, darin lebendes Wesen ist,
alles Grün des Krauts zum Essen.
Es ward so.
Gott sah alles, was er gemacht hatte,
und da, es war sehr gut.
Abend ward und Morgen ward: der sechste Tag.
Vollendet waren der Himmel und die Erde, und all ihre Schar.
Vollendet hatte Gott am siebenten Tag seine Arbeit, die er machte,
und feierte am siebenten Tag von all seiner Arbeit, die er machte.
Gott segnete den siebenten Tag und heiligte ihn,
denn an ihm feierte er von all seiner Arbeit, die machend Gott schuf.
Dies sind die Zeugungen des Himmels und der Erde: ihr Erschaffensein.

Liturgische Eröffnung

Begrüßung der Gemeinde und der Vertreter der evangelischen Nachbargemeinde

Gebet der Pfarrerin der evangelischen Nachbargemeinde:
Allmächtiger Gott, du bist wunderbar in allem, was du tust. Lass deine
Erlösten erkennen, dass deine Schöpfung groß ist, doch größer noch das
Werk deiner Erlösung, die du uns in der Fülle der Zeit geschenkt hast
durch den Tod des Osterlammes, unseres Herrn Jesus Christus, der mit
dir lebt und herrscht in alle Ewigkeit.

Segnung des Feuers:

Priester: Lasset uns beten. Allmächtiger, ewiger Gott, du hast durch Christus allen, die an dich glauben, das Licht deiner Herrlichkeit geschenkt.
Segne + dieses neue Feuer, das die Nacht erhellt, und entflamme in uns
die Sehnsucht nach dir, dem unvergänglichen Licht, damit wir mit reinem
Herzen zum ewigen Osterfest gelangen. Darum bitten wir durch ihn,
Christus, unseren Herrn.
Amen.

Bereitung der Kerze:
Priester: Christus, gestern und heute,
Anfang und Ende,
Alpha und Omega
Sein ist die Zeit und die Ewigkeit
Sein ist die Macht und die Herrlichkeit
in alle Ewigkeit. Amen

Durch seine heiligen Wunden,
die leuchten in Herrlichkeit,
behüte uns
und bewahre uns
Christus, der Herr. Amen.

Lesung aus dem Buch Baruch:
Der Allwissende hat ja die Erde für immer gegründet, er hat sie mit Tieren
bevölkert. Er entsendet das Licht, und es eilt dahin; er ruft es zurück,
und zitternd gehorcht es ihm. Froh leuchten die Sterne auf ihren Posten.
Ruft er sie, so antworten sie: Hier sind wir. Sie leuchten mit Freude für
ihren Schöpfer. Das ist unser Gott; kein anderer gilt neben ihm. Er hat den
Weg der Weisheit ganz erkundet und hat sie Jakob, seinem Diener, ver-
liehen, Israel, seinem Liebling. Dann erschien sie auf der Erde und hielt
sich unter den Menschen auf. Sie ist das Buch der Gebote Gottes, das
Gesetz, das ewig besteht. Alle, die an ihr festhalten, finden das Leben;
doch alle, die sie verlassen, verfallen dem Tod. Kehr um, Jakob, ergreif sie!
Geh deinen Weg im Glanz ihres Lichtes! *(Bar 3,9–15. 32–4,4)*

Gebet:
Gott, unser Vater,
du mehrst die Zahl deiner Kinder
und rufst aus allen Völkern
Menschen in deine Kirche.
Beschütze gütig die Täuflinge,
damit sie den Quell der Weisheit niemals verlassen
und auf deinen Wegen gehen.
Darum bitten wir durch Christus, unsern Herrn.

Anzünden der Osterkerze am Osterfeuer

Priester: Christus ist glorreich auferstanden vom Tod. Sein Licht vertreibe das Dunkel der Herzen.

Überreichung einer Osterkerze an die evangelische Pfarrerin – Entgegennahme der Kerze der evangelischen Gemeinde
Verabschiedung der evangelischen Mitschwestern und –brüder.

Lesung aus dem Buch Exodus *(an der Kirchentür)*

Der Herr sprach zu Mose: Was schreist du zu mir? Sag den Israeliten, sie sollen aufbrechen. Und du heb deinen Stab hoch, streck deine Hand über das Meer, und spalte es, damit die Israeliten auf trockenem Boden in das Meer hineinziehen können. Ich aber will das Herz der Ägypter verhärten, damit sie hinter ihnen hineinziehen. So will ich am Pharao und an seiner ganzen Streitmacht, an seinen Streitwagen und Reitern meine Herrlichkeit erweisen. Die Ägypter sollen erkennen, daß ich der Herr bin, wenn ich am Pharao, an seinen Streitwagen und Reitern meine Herrlichkeit erweise. Der Engel Gottes, der den Zug der Israeliten anführte, erhob sich und ging an das Ende des Zuges, und die Wolkensäule vor ihnen erhob sich und trat an das Ende. Sie kam zwischen das Lager der Ägypter und das Lager der Israeliten. Die Wolke war da und Finsternis, und Blitze erhellten die Nacht. So kamen sie die ganze Nacht einander nicht näher. Mose streckte seine Hand über das Meer aus, und der Herr trieb die ganze Nacht das Meer durch einen starken Ostwind fort. Er ließ das Meer austrocknen, und das Wasser spaltete sich. Die Israeliten zogen auf trockenem Boden ins Meer hinein, während rechts und links von ihnen das Wasser wie eine Mauer stand. Die Ägypter setzten ihnen nach; alle Pferde des Pharao, seine Streitwagen und Reiter zogen hinter ihnen ins Meer hinein. Um die Zeit der Morgenwache blickte der Herr aus der Feuer- und Wolkensäule auf das Lager der Ägypter und brachte es in Verwirrung. Er hemmte die Räder an ihren Wagen und ließ sie nur schwer vorankommen. Da sagte der Ägypter: Ich muss vor Israel fliehen; denn Jahwe kämpft auf ihrer Seite gegen Ägypten. Darauf sprach der Herr zu Mose: Streck deine Hand über das Meer, damit das Wasser zurückflutet und den Ägypter, seine Wagen und Reiter zudeckt. Mose streckte seine Hand über das Meer, und gegen Morgen flutete das Meer an seinen alten Platz zurück, während die Ägypter auf der Flucht ihm entgegenliefen. So trieb der Herr die Ägypter mitten ins Meer. Das Wasser kehrte zurück und bedeckte Wagen und Reiter, die ganze Streitmacht des Pharao, die den Israeliten ins Meer nachgezogen war. Nicht ein einziger von ihnen blieb übrig. Die Israeliten aber waren auf trockenem Boden mitten durch das Meer gezogen, während rechts und links von ihnen das Wasser wie eine Mauer stand. So rettete der Herr an jenem Tag Israel aus der Hand der Ägypter. Israel sah die Ägypter tot am Strand liegen. Als Israel sah, dass der Herr mit mächtiger Hand an den Ägyptern gehandelt hatte, fürchtete das Volk den Herrn. Sie glaubten an den Herrn und an Mose, seinen Knecht.

Damals sang Mose mit den Israeliten dem Herrn dieses Lied; sie sagten: Ich singe dem Herrn ein Lied, denn er ist hoch und erhaben. Rosse und Wagen warf er ins Meer. *(Ex 14,15 – 15,11)*

Gebet:
Gott, deine uralten Wunder
leuchten noch in unseren Tagen.
Was einst dein mächtiger Arm
an einem Volk getan hat,
das tust du jetzt an allen Völkern:
Einst hast du Israel
aus der Knechtschaft des Pharao befreit
und durch die Fluten des Roten Meeres geführt;
nun aber führst du alle Völker
durch das Wasser der Taufe zur Freiheit.
Gib, dass alle Menschen Kinder Abrahams werden
und zur Würde des auserwählten Volkes gelangen.
Darum bitten wir durch Christus, unseren Herrn.

Einzug in die Kirche mit dem Lichtruf:
Christus, das Licht!
Gemeinde: Dank sei Gott! (3x)

Anzünden der Kerzen in der Kirche

Inzens der Osterkerze

Exsultet

Lesung aus dem Buch Genesis

Der Engel des Herrn rief Abraham zum zweitenmal vom Himmel her zu und sprach: Ich habe bei mir geschworen – Spruch des Herrn: Weil du das getan hast und deinen einzigen Sohn mir nicht vorenthalten hast, will ich dir Segen schenken in Fülle und deine Nachkommen zahlreich machen wie die Sterne am Himmel und den Sand am Meeresstrand. Deine Nachkommen sollen das Tor ihrer Feinde einnehmen. Segnen sollen sich mit deinen Nachkommen alle Völker der Erde, weil Du auf meine Stimme gehört hast. *(Gen 22,13–18)*

Gebet:

Gott, du Vater aller Gläubigen,
durch deine Gnade
mehrst du auf dem ganzen Erdenrund
die Kinder deiner Verheißung.
Durch das österliche Sakrament der Taufe
erfüllst du den Eid,
den du Abraham geschworen hast,
und machst ihn zum Vater aller Völker.
Gib allen, die du zu deinem Volk berufen hast,
die Gnade, diesem Ruf zu folgen.
Darum bitten wir durch Christus, unsern Herrn.

Priester: Gloria in excelsis deo
(Licht/Glocken/Schellen)

Gloria: Gotteslob Nr. 476

Tagesgebet:

Gott, du hast diese Nacht hell gemacht durch den Glanz der Auferstehung unseres Herrn. Erwecke in deiner Kirche den Geist deiner Kindschaft, den du uns durch die Taufe geschenkt hast, damit wir neu werden an Leib und Seele und dir mit aufrichtigem Herzen dienen. Darum bitten wir durch Jesus Christus.

Lesung aus dem Brief des Apostels Paulus an die Römer

Brüder und Schwestern! Wir alle, die wir auf Christus Jesus getauft wurden, sind auf seinen Tod getauft worden. Wir wurden mit ihm begraben durch die Taufe auf den Tod; und wie Christus durch die Herrlichkeit des Vaters von den Toten auferweckt wurde, so sollen auch wir als neue Menschen leben. Wenn wir nämlich ihm gleich geworden sind in seinem Tod, dann werden wir mit ihm auch in seiner Auferstehung vereinigt sein. Wir wissen doch: Unser alter Mensch wurde mitgekreuzigt, damit der von der Sünde beherrschte Leib vernichtet werde und wir nicht Sklaven der Sünde bleiben. Denn wer gestorben ist, der ist frei geworden von der Sünde. Sind wir nun mit Christus gestorben, so glauben wir, dass wir auch mit ihm leben werden. Wir wissen, dass Christus, von den Toten auferweckt, nicht mehr stirbt; der Tod hat keine Macht mehr über ihn. Denn durch sein Sterben ist er ein für allemal gestorben für die Sünde, sein Leben aber lebt er für Gott. So sollt auch ihr euch als Menschen begreifen, die für die Sünde tot sind, aber für Gott leben in Christus Jesus. *(Röm 6,3–11)*

Halleluja: Gotteslob 209,4 (3 x hintereinander mit aufsteigendem Ton)

Evangelium: Lk 24,1-12

Allerheiligenlitanei

Fürbitten

Lesung aus dem Buch Jesaja:

Auf, ihr Durstigen, kommt alle zum Wasser! Auch wer kein Geld hat, soll kommen. Kauft Getreide, und esst, kommt und kauft ohne Geld, kauft Wein und Milch ohne Bezahlung! Warum bezahlt ihr mit Geld, was euch nicht nährt, und mit dem Lohn eurer Mühen, was euch nicht satt macht? Hört auf mich, dann bekommt ihr das Beste zu essen und könnt euch laben an fetten Speisen. Neigt euer Ohr mir zu, und kommt zu mir, hört, dann werdet ihr leben. Ich will einen ewigen Bund mit euch schließen gemäß der beständigen Huld, die ich David erwies.

Sucht den Herrn, solange er sich finden lässt, ruft ihn an, solange er nahe ist. Der Ruchlose soll seinen Weg verlassen, der Frevler seine Pläne.

Er kehre um zum Herrn, damit er Erbarmen hat mit ihm, und zu unserem Gott; denn er ist groß im Verzeihen. Meine Gedanken sind nicht eure Gedanken, und eure Wege sind nicht meine Wege – Spruch des Herrn. So hoch der Himmel über der Erde ist, so hoch erhaben sind meine Wege über eure Wege und meine Gedanken über eure Gedanken.
(Jes 55,1–3. 6–99)

Gebet:
Sei uns nahe, allmächtiger Gott,
und wirke in den Sakramenten,
die uns deine Liebe schenkt:
Sende den Geist aus,
der uns zu deinen Kindern macht,
den Geist, durch den dir aus dem Wasser der Taufe
ein neues Volk geboren wird.
Was wir unter heiligen Zeichen vollziehen,
das vollende du mit deiner Kraft.
Darum bitten wir durch Christus, unsern Herrn.

Taufwasserweihe

Lied: Fest soll mein Taufbund immer stehen
(Ministranten geben Weihwasser in die Weihwasserbecken, Gemeinde Aspergil)

Gabenbereitung (Lied: »Nimm, o Herr, die Gaben …«)

Gabengebet:
Herr, unser Gott,
nimm die Gebete und Gaben deines Volkes an
und gib, dass diese österliche Feier,
die im Opfer des wahren Osterlammes ihren Ursprung hat,
uns zum ewigen Heil führt.
Darum bitten wir durch Christus, unseren Herrn.

Sanctus

Hochgebet

Als Einschub nach »Schenke uns Anteil an Christi Leib und Blut ...« wäre die Lesung aus Ezechiel inhaltlich passend:

Lesung aus dem Buch Ezechiel:
Der Herr spricht: Ich hole euch heraus aus den Völkern, ich sammle euch aus allen Ländern und bringe euch in euer Land. Ich gieße reines Wasser über euch aus, dann werdet ihr rein. Ich reinige euch von aller Unreinheit und von allen euren Götzen. Ich schenke euch ein neues Herz und lege einen neuen Geist in euch. Ich nehme das Herz von Stein aus eurer Brust und gebe euch ein Herz von Fleisch. Ich lege meinen Geist in euch und bewirke, dass ihr meinen Gesetzen folgt und auf meine Gebote achtet und sie erfüllt. Dann werdet ihr in dem Land wohnen, das ich euren Vätern gab. Ihr werdet mein Volk sein, und ich werde euer Gott sein.
(Ez 36, 24–28)

Agnus Dei

Kommunionvers:
Unser Osterlamm ist geopfert, Christus, der Herr. Halleluja! Wir sind befreit von Sünde und Schuld. So lasst uns Festmahl halten in Freude. Halleluja!

Zur Kommunion: Orgel

Danklied: Gotteslob 220, 1.2.5

Schlussgebet:
Herr, unser Gott,
du hast uns durch die österlichen Sakramente gestärkt.
Schenke uns den Geist deiner Liebe,
damit deine Gemeinde ein Herz und eine Seele wird.
Darum bitten wir durch Christus, unseren Herrn.

Segen

Schlusslied: GL 257, 1., 2., 10.

Integration der Elemente einer Taufe in dieser Feier

Wenn in der Osternacht eine Taufe vorgesehen ist, dann bietet es sich analog an, die verschiedenen Elemente der Tauffeier an die jeweils entsprechenden Stellen der Liturgie einzufügen:

Nach der Begrüßung der Gemeinde bei der liturgischen Eröffnung werden die Eltern der Täuflinge begrüßt. Sie werden gefragt, welchen Namen sie ihrem Kind gegeben haben und was sie von der Kirche erbitten. Eltern und Paten werden gefragt, ob sie sich der Aufgabe und Verantwortung bewusst sind, das Kind im christlichen Glauben zu erziehen. Priester, Eltern und Paten bezeichnen das Kind mit dem Kreuzzeichen, der Priester legt dem Kind die Hand auf. Dann wird der Gottesdienst mit dem Gebet fortgesetzt (Allmächtiger Gott, du bist wunderbar …).

Nachdem die Osterkerze am Feuer entzündet worden ist, wird an ihr die Taufkerze angezündet und den Eltern mit den Worten»Empfangt das Licht Christi! Liebe Eltern und Paten! Christus ist das Licht der Welt. Dieses Kind ist dazu bestimmt, das helle Licht, das wärmende Feuer der Liebe Gottes in die Welt zu tragen und selber Licht zu sein, das die Dunkelheit erleuchtet.« übergeben.

Denkbar wäre an dieser Stelle auch folgender Text:

Der Herr segne und erleuchte uns.

Er lasse uns im Licht der Kerzen seinen Blick spüren
und schenke uns Freude daran.

Er lasse uns selber Licht sein für die Welt,
damit die Menschen seine Schönheit ahnen
und sich wohl fühlen, mit uns zu sein.

Er lasse uns mit brennenden Lichtern
– Zeichen unseres Vertrauens und Glaubens an ihn –
ihm entgegengehen, dem Gott und Freund,
der kommt und einlädt
zum großen Fest an seinem Tisch.

Dazu segne uns Gott,
der selber als Licht in unsere Nacht gekommen ist
und dessen Schein nie untergeht:
Vater, Sohn und Heiliger Geist. Amen.

(Quelle unbekannt)

*Nach dem Gebet nach der Exoduslesung, vor dem Einzug in die Kirche,
wird dem Täufling das weiße Kleid überreicht.
Nach der Taufwasserweihe legen Eltern, Paten und Gemeinde gemeinsam
das Taufversprechen ab und bekennen ihren Glauben.
Dann erfolgt die Taufe und die Salbung mit Chrisam.*

ANDREA SCHWARZ / ANGELO STIPINOVICH

5. Predigten zum Ostersonntag

Predigt am Ostersonntag

»Es sind schlimme Zeiten, mein Gott. Heute nacht geschah es zum erstenmal, dass ich mit brennenden Augen schlaflos im Dunkeln lag und viele Bilder menschlichen Leidens an mir vorüberzogen. Ich verspreche dir etwas, Gott, nur eine Kleinigkeit. Ich will meine Sorgen und die Zukunft nicht als beschwerende Gewichte an den jeweiligen Tag hängen. Aber dazu braucht man eine gewisse Übung. Jeder Tag ist für sich selbst genug. Ich will dir helfen, Gott, dass du mich nicht verlässt, aber ich kann mich von vornherein für nichts verbürgen. Nur dies eine wird mir immer deutlicher. Dass du uns nicht helfen kannst, sondern dass wir dir helfen müssen und dadurch helfen wir uns letztendlich selbst. Es ist das einzige, worauf es ankommt – ein Stück von dir in uns selbst zu retten, Gott, und vielleicht können wir mithelfen, dich in den gequälten Herzen der anderen Menschen auferstehen zu lassen.«

Ein Gebet, geschrieben von Etti Hillesum, einer holländischen Jüdin.

Vielleicht, wenn wir das in uns selbst retten, was zu retten ist, helfen wir Gott, etwas von der Auferstehung in unserer Welt gegenwärtig zu machen. Was könnte das für uns bedeuten? Ich persönlich glaube, unsagbar viel. Denn entweder hat die Religion, die Kirche, hat unser Glaube etwas mit unserem alltäglichen Leben zu tun, oder wir können diesen Glauben, diese Kirche und diese Religion ad acta legen, in die Archive, unter den Hochaltar. Dann könnten wir diese Kirche umwandeln in ein Museum der Vergangenheit, wo irgendwann Menschen vorbeikamen, um zu beten, wir können die Fenster als Kunstwerke betrachten, den Altar als ein Objekt, diesen Ambo als einen Ort, wo komische Männer in komischer Kleidung irgendwann irgendwas Komisches gesagt haben.

Meine lieben Schwestern und Brüder, Ostern muss etwas mit heute zu tun haben, sonst würden wir es auch nicht feiern. Auferstehung – was bedeutet Auferstehung für mich? Nicht allgemein, nicht in der Theologie, sondern für mich und für dich?

Fangen Sie an zu graben und suchen Sie das, was in ihrem Leben schon tot ist. Und kommen Sie nicht mit einer Aussage wie: Es gibt nichts in meinem Leben, was tot ist. Denn ich stelle die Frage nach einer gescheiterten Beziehung, ich stelle die Frage nach einer zerbrochenen Freundschaft, ich stelle die Frage nach einem nicht gelungenen Abschied, ich stelle die Frage nach einer schlechten Laune, die ich an anderen ausgelassen habe, ich stelle die Frage nach dem, was in deinem Leben zum Tod und nicht zum Leben führt.

Wenn man als junger Pfarrer eine Gemeinde übertragen bekommt, steht man in den ersten Wochen und Monaten hier vorne und schaut in ein Meer von Menschen und fremder Gesichter. Sie scheinen alle perfekt zu sein, mit diesen verklärten Blicken, den betenden Händen. Und doch, Monat für Monat, Gespräch für Gespräch, Beichte für Beichte, Beerdigung für Beerdigung, Trauung für Trauung, bekommen die Gesichter eine Geschichte. Dann merkt man plötzlich, dass die Frau Müller, die so verklärt am Sonntag in der Kirche sitzt, doch auch ein paar Leichen im Keller hat, oder dass Herr Schmitt, der immer so eifrig seinen Rosenkranz betet, auch immer mal wieder lügt. Und wenn Sie als Gemeinde schlau sind, dann merken Sie, dass der Pfarrer mit seinen klugen Worten als Mensch die gleichen Fehler macht wie Sie alle auch.

Und jetzt kommen wir dem ein Stück näher, was ich mit Auferstehung meine. Wir können nur dann auferstehen, wenn wir zugeben, dass wir es brauchen – jeder einzelne von uns. Wenn wir die kleinen und großen Zerbrochenheiten unseres Lebens Gott schenken, weil Gott uns durch die Auferstehung verspricht: Du darfst wieder und du darfst neu anfangen! Nichts im Leben ist so schlimm, dass es nicht heilbar oder reparierbar wäre – sogar der Tod. Auch der Tod ist durch Jesus Christus besiegt. Auch der Tod hat keine Macht mehr. Deine Fehler, deine Sünden, das, was in deinem Leben nicht geklappt hat – all das gehört in den heutigen Gottesdienst, in dem Gott sagt: Es ist gut, du darfst es loslassen – und ich mach es gut.

Deshalb ist Ostern nicht eine geschichtliche Feier irgendeines Ereignisses vor 2000 Jahren, sondern es bedeutet die Erinnerung daran, dass wir als Christen immer wieder und wieder und wieder und wieder aufstehen dürfen.

Als ich vorgestern Abend in der Kirche saß, fiel mein Blick auf den Kreuzweg. Dreimal fällt Jesus und bricht unter seinen Lasten am Boden zusammen. Aber er steht auf und geht weiter. Anscheinend endet dann dieser Kreuzweg dort, wo Jesus ins Grab gelegt wird – und doch geht er weiter und eigentlich kommt er erst hier am Altar zur Vollendung, wo die Wandlung des Lebens und des Todes stattfindet in eine Botschaft der Hoffnung und der Liebe.

Schwestern und Brüder, nichts in Ihrem Leben ist so schlimm, dass Gott es nicht verzeihen kann. Nichts ist so schlimm, dass Sie nicht aufrechten Hauptes durch die Welt laufen dürfen, nichts ist so schlimm, dass Gott es nicht wiedergutmachen kann. Amen.

ANGELO STIPINOVICH

Predigt am Ostersonntag (zu Joh 20,1-18)

So wie Sie da sitzen, liebe Schwestern und Brüder, sehen Sie alle sehr ernst und erwachsen aus. Ich glaube, es würde Ihnen gut tun, wenn ich Ihnen ein wenig vom Osterhasen erzählte. Besser gesagt – nicht vom Osterhasen, sondern von einem großen Hasen und einem kleinen Häschen *(eventuell einen kleinen und einen großen Stoff- oder Schokoladehasen zeigen)*.

Sie entstammen der Geschichte aus einem ganz wunderbaren Kinderbuch. Der kleine Hase fordert den großen Hasen heraus: »Rate mal, wie lieb ich dich hab!« Und weil der große Hase es natürlich nicht erraten kann, zeigt es ihm der kleine: er breitet seine kleinen Ärmchen aus und meint: »Soo sehr!«. Der große Hase – mit viel längeren Armen gesegnet – lässt sich nicht lumpen und erwidert: »Ich hab dich aber sooo sehr lieb!« Doch der kleine Hase gibt nicht so schnell auf. Immer und immer wieder versucht er, dem großen Hasen irgendwie zu zeigen, wie lieb er diesen doch habe. Jedesmal aber kann der große Hase das Gleiche nachmachen – nur eben viel weiter, höher, größer … Es entsteht so eine Art »Wettbewerb der Liebe«, aber natürlich zunächst ohne ein rechtes Ergebnis!

Naja, ein Kinderbuch, werden Sie denken – sind wir denn hier im Kleinkindergottesdienst? Keine Angst, Schwestern und Brüder, Sie sind hier schon richtig, denn: Kinderbücher haben es manchmal in sich. Unsere beiden Hasen haben nämlich ein echtes Problem. Wie soll ich dem anderen etwas erklären, was man einfach nicht erklären kann? Wie soll ich etwas beweisen, was man nicht beweisen kann?

Und das ist heute auch mein Problem. Wie soll ich Ihnen erklären, was Auferstehung ist? Wie soll ich etwas beweisen, was man nicht beweisen kann? Wie soll ich beweisen, dass die Botschaft des Ostermorgens wahr ist?

Ja, es stimmt – alle vier Evangelien erzählen die Osterbotschaft: Das Leben hat den Tod bezwungen. Aber auffällig ist, obgleich es sich um den Höhepunkt im Leben Jesu handelt, wird dieses Ereignis nirgends näher beschrieben. Das Ereignis der Auferstehung bleibt buchstäblich im Dunkeln. Niemand hat es gesehen, keiner kann davon berichten, weil niemand Zeuge war. Wie Jesus vom Tod erweckt wurde – diese Frage bleibt für immer unbeantwortet. Das Licht des Ostermorgens erhellt die Szenerie erst, als der Blick auf das fällt, was zurückbleibt – ein leeres Grab.

Ein leeres Grab – nicht mehr. Ein bisschen wenig, um etwas so Unerhörtes wie die Auferstehung zu behaupten. Und tatsächlich – nirgendwo in den Evangelien wird das leere Grab als Beweis für die Auferstehung Jesu verstanden. Es ist wichtig, aber doch nur ein Detail, ein Auslöser, ein Hinweis – aber kein Beweis.

Und das ist auch gut so. Denn wenn das leere Grab Jesu der Beweis der Christen für die Auferstehung Jesu gewesen wäre, dann wäre er schnell zunichte gemacht worden. Wenn das leere Grab die Basis für unsere Behauptung wäre, dass das Leben gesiegt habe, wäre dann nicht jedes »volle Grab« ein Beweis für das Gegenteil? Müssten dann nicht all die Massengräber der Menschheitsgeschichte, müsste dann nicht jedes einzelne Grab unserer Angehörigen und Freunde die Osterbotschaft vom angeblich neuen Leben als Lüge entlarven? Nein, unsere Suche nach Wahrheit und Wahrhaftigkeit der Osterbotschaft kann von einem leeren Grab Notiz nehmen, aber nicht mehr.

Nähern wir uns doch einmal von einer anderen Seite. Was wäre denn, wenn Gott die Auferstehung Jesu »bewiesen« hätte? Was wäre, wenn er alle Reporter der »Jerusalem-Post« ans Grab bestellt hätte, Punkt 5.30 Uhr, um die Auferstehung live zu schildern? Was wäre, wenn Videoaufnahmen und Tondokumente existierten vom Original-Auferstehungsgeschehen? Was wäre, wenn der frisch auferstandene Jesus in den Palast des Herodes oder ins Schlafzimmer des Pilatus marschiert wäre, um den Bösewichten ordentlich eins drauf zu geben?

Alle Welt hätte geklatscht und gestaunt. Gott hätte bewiesen: »Und ich habe doch recht!«. Er hätte bewiesen, dass er mächtiger ist, stärker und größer. Aber – vielleicht ging es Gott gar nicht darum recht zu behalten ... was wäre das auch für ein Gott, der einen Menschen, seinen eigenen Sohn, ans Kreuz nageln und sterben lässt, nur damit er hinterher zeigen kann – ätsch, ich bin ja doch besser als ihr. Ich kann ihn wieder auferwecken. Dass Gott mächtig ist, hätte er auch anders beweisen können. Nein, Schwestern und Brüder, Gottes Auferweckungshandeln ist nicht der Beweis, wie toll er doch ist, sondern seine Art, das Problem zu lösen, das schon das kleine Häschen hatte: Ratet mal, ihr Menschenkinder, wie lieb ich euch habe.

Der Ostermorgen, die Auferstehung, ist Fortsetzung dessen, was Jesus von Nazareth in seinem ganzen Leben, in seiner Botschaft und dann auch in seinem Weg ans Kreuz vorgelebt hat: Seht, so sehr liebt euch der himmlische Vater, dass er euch nicht aufgibt, dass nichts und niemand und keine Macht der Welt euch aus dieser Liebe herausreißen kann – noch nicht einmal der Tod. Weil aber Liebe nur in Freiheit geschehen kann, musste Jesus diesen Weg bis zum Ende gehen. Weil man Liebe nicht beweisen kann wie eine mathematische Gleichung, muss Gott den Weg der Menschen gehen bis an die äußerste Grenze und dort, an dieser letzten Grenze, an der wir alle einst stehen werden, dort kann die größere Liebe Gottes zu uns sprechen: »Mensch, komm heraus aus deinem Grab! Nicht, damit du siehst, wie mächtig ich bin, sondern damit du spürst, wie sehr ich dich liebe.«

Wäre Gott nur mächtig, dann hätten wir lediglich zu gehorchen. Weil Gott aber ein Liebender ist, sind wir in Freiheit dazu berufen, in der Liebe zu wachsen, in das Leben Gottes hineinzuwachsen. Der Preis dieser Freiheit in Liebe ist, dass wir Ostern und Auferstehung nicht beweisen können wie $2 + 2 = 4$. Der einzige Beweis für die Wahrheit von Ostern kann nur das Leben selbst sein.

Dazu braucht man nur auf Maria von Magdala, Petrus und Johannes, den Lieblingsjünger, und die vielen anderen von damals zu schauen. Die Kunde, dass Jesus lebt, dass Gottes Liebe stärker ist als die Macht des Todes, erfasst ihr Herz und bricht sich Bahn. Nicht, weil es schriftliche Beweise und lebendige Augenzeugen des Vorganges gibt, sondern weil sich diese Botschaft in ihrem eigenen Leben als wahr herausstellt ...

Erst als Jesus Christus, der Auferstandene, buchstäblich in ihr Leben hineintritt, erst als ihr Herz angerührt wird, da beginnen sie zu begreifen – der Herr lebt! Und sie haben nicht dagestanden und Beifall geklatscht, sie haben nicht die Waffen ausgepackt und es denen gezeigt, die nicht recht hatten. Sie haben versucht, diesem Jesus nachzufolgen. Und seit jenem ersten Ostermorgen haben unzählige Menschen diesem auferstandenen Herrn vertraut – bis in den eigenen Tod hinein. Und haben so – für mich – ein Zeugnis für die Wahrheit der Osterbotschaft abgelegt.

Ich gebe zu, Schwestern und Brüder, es ist nicht immer leicht, der Osterbotschaft zu glauben in einer Welt, die alles andere als österlich aussieht, in der Menschen leiden, gequält und getötet werden, in der unsere Mitschöpfung hemmungslos ausgebeutet wird, in der Menschen sich für Gott halten und sich auch so benehmen, in der wir an Gräbern stehen und trauern. Gott hat sich dafür entschieden, die Freiheit seiner Schöpfung zu achten, um der Liebe willen. Diesem Leben, dieser Freiheit, dieser Liebe zu trauen, das ist eine Entscheidung, vor die wir immer wieder gestellt sind, jeden Tag aufs Neue.

In unserem Tun, unserem Reden, unserem Denken, in unserem Umgang miteinander, da ereignet sich die Wahrheit von Ostern – oder eben nicht. So wie damals bei Maria, Petrus und den anderen. Auf ihrem Zeugnis ruht die Osterbotschaft. Helfen wir uns gegenseitig dabei, dem Leben zu trauen, weil Gott dem Leben zum Sieg verhilft.

Unsere beiden Hasen aus der Geschichte haben wohl mehr davon verstanden, als ihnen selbst bewusst war. Deshalb will ich Ihnen auch das Ende der Geschichte verraten. Großer und kleiner Hase einigen sich schließlich doch. »Ich hab dich lieb bis zum Mond«, meint der kleine Hase. Und der große ergänzt: » …bis zum Mond und zurück.« Und weil das nun wirklich ganz schön weit ist, sind beide einverstanden.

Ob Osterhase oder Frühjahrsvollmond, der ja den Termin unseres Osterfestes bestimmt – vieles kann uns in diesen Tagen an das neue Leben erinnern, dem Gott zum Durchbruch verholfen hat. Geben wir diesem Leben eine Chance. Seine Wahrheit ist uns anvertraut. Amen.

HARALD POGGEL

(Die Geschichte von den Hasen ist zu finden in dem Buch: Weißt du eigentlich, wie lieb ich dich hab? von Sam McBratney/Anita Jeram, erschienen 1994 im Verlag Sauerländer, Frankfurt)

Predigt am Ostersonntag (zu Joh 20, 1-18)

Beinahe, liebe Schwestern und Brüder, hätte Ostern nicht stattgefunden. Besser gesagt, um ein Haar hätte damals kein Mensch bemerkt, dass Ostern ist. Und wir wüssten gar nicht, was wir heute morgen hier eigentlich sollten. Warum? Nun, schauen wir uns einmal die Geschichte vom Ostermorgen an, wie Johannes sie erzählt. Es ist eine ganze Kette von Verwechslungen und Verständigungsproblemen. Die Botschaft von der Auferstehung muss einige Hindernisse überwinden, bis sie sich durchsetzen kann. Schon gleich zu Beginn geschieht die erste Verwechslung, und sie passiert Maria von Magdala. Früh am morgen kommt sie zum Grab, voll Schmerz und Trauer. Dann sieht sie lediglich, dass der Stein vom Grab weggerollt ist, und rennt Hals über Kopf zu den Freunden zurück. Man kann sich ihren Schrecken vorstellen, wie sie ihre erste Täuschung erzählt. Jesu Leichnam sei geraubt worden! So wird Ostern zunächst mit einem Grabraub verwechselt. Und dann treten Johannes und Petrus auf den Plan. Sie rennen zum Grab, um der Sache nachzugehen. Zwar merken sie, dass es sich nicht um einen Grabraub handeln kann, dazu ist alles zu aufgeräumt, aber dann gehen sie nach Hause, so, als sei alles in bester Ordnung und als könnten sie sich von den letzten aufregenden Tagen erholen. Ostern wird verwechselt mit einem ruhigen beschaulichen Morgen, als sei man noch einmal mit einem blauen Auge davon gekommen.

Und die dritte eindrucksvollste Verwechslung widerfährt erneut Maria von Magdala. Sie sieht den auferstandenen Jesus leibhaftig vor sich – und hält ihn für den Gärtner. Spätestens hier steht die Osterbotschaft auf der Kippe. Würden die Menschen überhaupt verstehen, was sich da ereignet hat? Übersteigt das ganze nicht doch menschliches Fassungsvermögen?

Nun, es ist doch gut gegangen. Sie haben verstanden. Zuerst Maria, sie hat so viel Liebe und Sehnsucht im Herzen, dass sie Jesus erkennt. Und im wachsenden Verstehen wird sie auch zur ersten Zeugin für Petrus, Johannes und die anderen. Trotz aller Verwechslungen ist es gut gegangen, weil Menschen nicht nur ihren Augen trauten, sondern auch ihrem Herzen, ihrem Gefühl, ihrer Sehnsucht und Liebe.

Und wir? Jedes Jahr hören wir das Osterevangelium. Vielleicht schmunzeln wir innerlich über den Wettlauf der beiden Jünger zum

Grab oder über die Sache mit dem Gärtner. Aber geht es uns denn anders als den Menschen damals? Ich meine, wir sollten aufpassen, dass uns mit Ostern nicht auch Verwechslungen passieren. Ostern ist nicht das Fest des »gerade noch mal gut gegangen« oder des »Glück gehabt, dass es so ausging«, es ist nicht das Fest vom »Wiedererwachen eines Totgeglaubten«, so, als sei Jesus gar nicht richtig gestorben, sondern höchstens ein bisschen. Wir sollten Ostern nicht verwechseln mit einem harmlosen alljährlichen Fest, weil halt alles nicht so schlimm war, wie es aussah. Karfreitag und so – macht ja nichts.

Ein solches Missverständnis nimmt Ostern die eigentliche Spitze, das, was dieses Fest so einzigartig macht. Und darin liegt auch der Grund, warum Maria und die anderen sich damals so schwer taten. Das was sie erlebten, wovon sie Zeugen waren, war etwas wirklich einmaliges, noch nie erlebtes, von dem sie noch nicht einmal träumen konnten. Keine Rückkehr eines Toten, kein Happyend mit einem Jesus, der die Tür aufmacht und sagt »Jetzt geht es weiter wie vorher, mit Bergpredigt und so.« Nein, Ostern ist in vierfacher Hinsicht etwas ganz Neues.

1. Für Jesus selber – er erfährt Gott bestätigt als einen, der leidenschaftlich für das Leben kämpft, der aufsteht gegen den Tod, weil er die Sinnlosigkeit nicht erträgt. Jesus hat Gott erfahren als den, der ihn nicht im Stich lässt, auch wenn Menschen wirklich und endgültig am Ende sind.

2. Für unser Leben – seit dem Ostermorgen, seit der Auferstehung Jesu gibt es einen Weg durch den Grenzzaun des Todes hindurch. Unser Leben geht der Vollendung entgegen und nicht dem Abgrund. Auch wenn der Tod stärker ist als wir, auch wenn Leid, Zerstörung und Bosheit nicht auszurotten sind, ist das Ziel unseres Weges die Heimat bei Gott.

3. Für unsere Lebensweise – Ostern ist kein Ereignis zum zu Hause sitzen bleiben, so wie Johannes und Petrus anfangs dachten. Ostern feiern bedeutet, sich senden lassen in die Nachfolge, ist eine Botschaft, die uns auf die Beine bringt, eine Hoffnung, die weitererzählt werden will,

4. Für unser Verhältnis zu den Mitmenschen – dies ist vielleicht am konkretesten greifbar. Maria verwechselt Jesus mit dem Gärtner. Eigentlich sonderbar, so gut wie sie sich doch kennen, es sei denn, Jesus sehe wirklich so aus wie der Gärtner oder der Küster oder Frau Müller, Frau Schulze, Herr Meier oder, oder, oder … Marias Verwechslung im Garten passiert uns doch selbst oft genug. Wir sehen den anderen und

wenn es gut geht, dann sehen wir wenigstens den Menschen in ihm. Was aber, wenn das alleine schon eine Verwechslung wäre? Wenn es nicht nur der Küster, der Pfarrer, Frau Müller usw. wären, sondern wenn der auferstandene Herr mir gerade in jenem Menschen begegnet? Wie viel Ehrfurcht und Respekt vor der Würde des Bruders oder der Schwester könnte entstehen, wenn wir unseren Osterbegegnungen mehr trauen würden! Dann würde das Feiern von Ostern manche selbstgemachten Karfreitage in unserer Welt ersparen. Ostern, das Fest des Lebens, für sich persönlich entdecken in all seiner Tiefe, das hat viel zu tun mit dem liebenden Blick für den anderen.

Wenn es stimmt, dass das, was über den Tod hinaus bleibt, allein die Liebenden stiften, dann wird es wohl auch nur den Liebenden gelingen, das Bleibende schon in diesem Leben zu entdecken.

So schließt sich der Kreis vom Leben über den Tod und zum Leben zurück. Deshalb war gerade Maria die erste, die Jesus erkannte. Schließlich war sie doch eine Liebende. Ostern heißt sicher: Glaub, was du siehst! Aber wenn wir nicht *mehr* glauben als das, was wir vor Augen haben, dann verwechseln wir unsere armselige Wahrnehmung mit der Wirklichkeit. Maria, Johannes und Petrus haben die Augen geöffnet für das nie Dagewesene und Neue. Wer sich von Jesus anrühren lässt und mit dem Herzen in unserer Welt die Spuren des Auferstandenen sucht, hat mit dem Verstehen von Ostern begonnen. Für den ist Ostern kein harmloses Fest mehr.

Es wird sicher so sein, dass wir noch manches mal Jesus begegnen, ohne es zu merken. Es wird sicher so sein, dass Angst, Traurigkeit und Zweifel so stark sind, dass wir das Neue der Auferstehung und deren Folgen für unser Leben noch nicht begreifen. Aber wir feiern ja jedes Jahr wieder und wenn wir immer wieder zum Grab rennen, wird es uns auf einmal gehen wie Johannes: Er sah und glaubte.

Lassen wir uns vom hellen Ostermorgen ein paar Verwechslungen und Kurzsichtigkeiten nehmen. Warum beginnen wir nicht gleich damit? Sind Sie so sicher, wer da neben Ihnen in der Bank sitzt? Gut. Sie haben recht! Glauben Sie, was Sie sehen, doch schauen Sie auch mal genauer hin. Könnte es nicht sein, dass Ihnen da auch ein wenig vom auferstandenen Herrn entgegenlächelt? Das können Sie ausprobieren, wohin immer Sie heute kommen. Denken Sie ja nicht, sie träfen bloß den Gärtner. Amen.

HARALD POGGEL

6. Ostergruß für die Gemeindezeitung

Liebe Gemeindemitglieder,

Ostern – das ist nicht nur ein »schönes Fest«, sondern das ist zugleich auch ein »Fest der Schönheit«! Diese Sichtweise mag etwas ungewöhnlich sein – aber das hängt eher mit unserem einseitigen Begriff von Schönheit zusammen. »Schön« im österlichen Sinn, das meint nicht die makellosen Gesichter und die Figuren der Top-Modelle, wie wir sie im Fernsehen oder auf den Titelseiten der Illustrierten sehen, schön, das ist etwas, was aus dem Inneren des Menschen herausstrahlt. Jeder Mensch bekommt eine ganz eigene Schönheit, wenn er sich geliebt weiß, wenn er sich mit den Mächten des Lebens verbündet hat, wenn er selbst zum Liebenden wird, weil er Geliebter ist.

Und genau das ist eigentlich die Botschaft des Osterfestes: Der Mensch wird so unsagbar von Gott geliebt, dass er seinen eigenen Sohn hingibt. Das Leben besiegt den Tod, und deshalb dürfen wir mit Jesus Christus auf der Seite des Lebens stehen.

Wenn wir das nicht nur wissen und hören, sondern gläubig mitfeiern können, wenn unser ganzes Leben eine Antwort auf diese unsagbare Liebe und Zusage Gottes ist – dann wird die Schönheit aus uns herausstrahlen. Angelus Silesius, ein deutscher Theologe des 17. Jahrhunderts, sagt es so: »Kein Ding ist hier noch dort, das schöner ist als ich, weil Gott, die Schönheit selbst, sich hat verliebt in mich.«

Menschen, die sich so geliebt und angenommen wissen, die können das in sich zum Blühen und zur Entfaltung bringen, was Gott in ihnen grundgelegt hat – so wie in jeder gelingenden Partnerschaft und Freundschaft Menschen regelrecht aufblühen können. »Liebe ist: einem anderen dessen eigene Schönheit offenbaren« (Jean Vanier).

Ostern, das ist das Fest, an dem Gottes Liebe uns unsere Schönheit zeigen kann, durch allen Tod, alle Hässlichkeiten, alle Verwundungen hindurch. Und es ist zugleich das Fest, das uns dazu einlädt, in jedem anderen diese Schönheit zu entdecken.

In diesem Sinne wünsche ich Ihnen allen »schöne Ostern«!

Ihr Pfarrer Angelo M. Stipinovich

7. Ostervesper

Ablauf der Feier

Einzug mit Orgelspiel
Priester: »Herr, öffne meine Lippen …«
Hymnus: GL 222 »Nun freue dich, du Christenheit«
1. Psalm: GL 235
2. Psalm: GL 236
Gesang aus dem Neuen Testament: GL 174
Lesung: Offenbarung 22,1-5
Antwortgesang: GL 237
Predigt
Stille
Litanei von der Gegenwart Gottes: GL 764 – gebetet oder gesungen

Dann werden die Gläubigen eingeladen, sich am Taufbecken mit einem Weihwasserkreuz zeichnen zu lassen (kurze Hinführung – das Kreuz der Asche, mit dem wir die Fastenzeit begonnen haben, wird durch den Tod und die Auferstehung Christi zum Zeichen des neuen Lebens, wird zum Wasser des Lebens – wir stehen nach wie vor unter dem Kreuz, aber es ist nicht das Kreuz des Todes, sondern das Kreuz des Lebens)

Zum Lobgesang Mariens: GL 238
Magnificat: GL 689
(Keine Fürbitten!)
Vaterunser
Gebet
Lied zur Aussetzung: »Wahrer Gott, wir glauben dir«
Tantum Ergo: GL 541
Sakramentaler Segen
Entlassung
Schlusslied: GL 576 »Freu dich, du Himmelskönigin«

ANDREA SCHWARZ

Predigt zur Ostervesper

Liebe Mitchristen,

zugegeben, es mag ein wenig banal klingen, aber: heute ist Ostern. Ostersonntag, um es ganz genau zu sagen. Na ja, werden Sie jetzt denken, das ist ja nun wirklich grad nichts aufregend Neues, was die uns da sagt. Das wissen wir schließlich auch, dass heute Ostern ist – wären wir sonst heute hier in der Kirche? Und wenn die da vorne nichts Interessanteres zu erzählen weiß, dann soll sie es wenigstens schnell machen.

So banal es sich anhören mag, dass heute Ostern ist, so lassen Sie mich diese Banalität doch kurz unterbrechen: Woher wissen Sie eigentlich, dass heute Ostern ist? Natürlich, das ist eine blöde Frage, ich weiß – es steht ja schließlich im Kalender drin. Ahja ... Ostersonntag, 31. März 2002, klar. Aber das ist ja schon interessant: letztes Jahr war Ostern am 16. April und im nächsten Jahr ist es erst am 20. April. Das lässt irgendwie doch die Frage aufkommen: Wann, bitte schön, ist eigentlich Ostern? Mit Weihnachten ist es irgendwie leichter – das ist immer am 25. Dezember – Ostern, das scheint gar nicht so genau auf einen Tag festlegbar zu sein ... – und ob das möglicherweise etwas mit dem Charakter des Festes selbst zu tun haben könnte?

Wann feiern wir eigentlich Ostern? Die Liturgie in diesen Tagen, das, was wir in den Gottesdiensten gefeiert haben, das, woran wir uns erinnert haben, was wir uns vergegenwärtigt haben in Wort und Tun, Zeichen und Symbol, kann uns erzählen, *was* wir da feiern: Das Licht, das die Nacht erhellt, auch wenn es sie nicht fortnehmen kann, die Fessel, die gelöst wird, die Mauer, die in sich zusammenfällt, der Stein, der den Weg nicht mehr versperrt, das Leben, das neu zum Aufbruch drängt. Das sind die Bilder, in denen die uralten Texte der Menschen von Grunderfahrungen menschlichen Lebens sprechen und erzählen. Ostern ist immer dann, wenn das Leben den Tod besiegt, das Licht das Dunkel erhellt. Ostern geschieht immer dann, wenn jemand trotz aller Angst einen nächsten Schritt wagt, sich dem Leben stellt. Ostern geschieht dann, wenn ich mein eigenes Dunkel wahrnehme und annehme, nicht davor flüchte, sondern tapfer hindurchgehe, der Ahnung von Licht entgegen. Ostern ist dort, wo Menschen sich streiten und sich die Hand zur Versöhnung reichen. Ostern ist dann, wenn einer an den anderen denkt, ihm Gutes will, ohne dafür etwas zurückzubekommen. Ostern ist dann, wenn ich mich in das Dunkel des Freundes mit hineinbegebe, um wenigstens ein kleines Licht für ihn zu sein.

Ostern ist immer dann und dort, wo die Hoffnung ein wenig größer ist als die Verzweiflung, der Mut die Angst überwindet, das Chaos sich lichtet, die Dunkelheit zur Dämmerung wird, das Ahnen Hand und Fuß bekommt, wo ich plötzlich spür und merk und irgendwie weiß: Das Ende ist nicht das Ende, das Chaos bleibt nicht das Chaos, der Tod ist nicht der Sieger. Da gibt es mehr und anderes, da gibt es etwas, was darüber hinaus geht. Das ist Ostern. Ostern geschieht immer dann und dort, wenn das Leben sich als stärker erweist als der Tod.

In diesem Jahr ist das nach dem Kalender der 31. März. Vergessen Sie's!

Ostern kann nur in Ihnen und mit Ihnen geschehen – wenn in Ihrem ganz persönlichen Leben ein Licht im Dunkel aufstrahlt, wenn Hoffnung aufkeimt, wenn eine Krise zur Klärung hilft, ein Konflikt zur Klarheit. Der 19. Mai ist dafür genauso gut (obwohl, da feiern wir dieses Jahr ja eigentlich Pfingsten – aber vielleicht hat ja Ostern auch was mit Pfingsten zu tun?) oder auch der 22. September.

Ostern geschieht immer dann und dort, wo sich das Leben als stärker erweist als der Tod. Das kann mal in einem Jahr der 31. März sein – nächstes Jahr ist es vielleicht der 13. Dezember.

Ostern ist kein Ort, kein Termin, der sich im Kalender eintragen lässt. Ostern ereignet sich im Leben eines Menschen ganz individuell, ganz einzigartig.

Und doch – es ist eine gemeinsame Erfahrung von uns Menschen, dass es im Dunkel ein Licht gibt, dass es da eine Hoffnung, eine Sehnsucht gibt, sicher – für jeden anders und ganz individuell. Aber in der Grunderfahrung doch verbindend – und Grund zum Feiern!

Jedem von uns ist Ostern zugesagt. Und jeder von uns mag sein Ostern ganz individuell erleben. Dass diese ganz eigene Erfahrung als Christ und Christin etwas ist, was uns miteinander verbindet, dass wir dafür einstehen, dass wir daran glauben, dass das Leben stärker ist als der Tod, das feiern wir heute, miteinander. Das feiern wir heute, auch wenn vielleicht Ihr Ostern vor sechs Wochen war, Ihr Ostern noch aussteht.

Ostern geschieht ganz einzigartig für jeden für uns – und doch feiern wir es miteinander. Uns verbindet die Hoffnung auf die Liebe, der Glaube an das Licht, die Solidarität im Dunkel, uns verbindet unser Mensch-Sein, das wir leben dürfen, weil wir an Gott glauben.

Um dieses Miteinander feiern zu können, brauchen wir einen gemeinsamen Termin. Um dieses Miteinander feiern zu können, brauchen wir Sie, jeden einzelnen von Ihnen. Um dieses Miteinander feiern zu können, brauchen wir Menschen, die von ihren Ostererfahrungen erzählen.

Wann feiern Sie dieses Jahr Ostern?

ANDREA SCHWARZ

4. KAPITEL
DIE OSTERZEIT

1. Vorbemerkung

Die fünfzig Tage der Osterzeit haben es nicht leicht. Nach den großen Liturgien am Osterfest und am darauffolgenden Weißen Sonntag mit der Erstkommunion (die in manchen Seelsorgseinheiten inzwischen auch schon manchmal am dritten oder gar vierten Sonntag der Osterzeit gefeiert werden muss), scheint die »Luft« oft draußen zu sein – und stünde nicht grad noch die Osterkerze an einem zentralen Platz, wäre die Farbe des Messgewandes nicht weiß, dann könnte man oft fast schon denken, dass man bereits wieder im Jahreskreis wäre …

Dazu kommt, dass nach der Fastenzeit, die in vielen Gemeinden von Exerzitien im Alltag oder Fastenwochen geprägt sind, nun auch wieder der pastorale Alltag beginnt – schließlich soll bis zu den Sommerferien (die in manchen Bundesländern immerhin schon im Juni beginnen) auch noch einiges »geschafft« sein. Schade – wir nehmen uns nicht einmal mehr die Zeit, das Fest richtig zu »verkosten«, nachschmecken zu lassen. Und damit hat es dann auch das Pfingstfest schwer, das einzige der drei Hochfeste, dem keine Bußzeit, sondern eine »Festzeit« vorausgeht. Pfingsten ist eigentlich nur dann »erlebbar« und »feierbar«, wenn wir die Osterzeit entsprechend gestalten.

Zugegeben – wir haben den Stein der Weisen, was diesen Punkt angeht, auch noch nicht gefunden. Auch wir atmen nach den Weißen Sonntagen in den beiden Gemeinden erst einmal auf und durch. Aber es ist uns durchaus schmerzlich bewusst, dass wir hier eine Chance vergeben, die vielleicht mit ganz geringen Mitteln nutzbar wäre – sei es mit einem ganz bestimmten Lied, das uns durch die Osterzeit begleitet, sei es durch ein bestimmtes gestaltendes Element in den Gottesdiensten …

Und warum muss es denn eigentlich immer die Predigtreihe in der Fastenzeit sein, warum nicht gerade da einmal Askese üben – und die Osterzeit durch eine Predigtreihe gestalten?

Immerhin – wir haben es uns vorgenommen, und vielleicht kann das ja Anregung und Anstoß genug sein, es sich auch für Ihre Gemeinde einmal zu überlegen …

ANDREA SCHWARZ

2. »Emmausgang« –
Jesus unterwegs begegnen
Am Ostermontag mit Familien unterwegs

Die Überlegungen, die in unserem Vorbereitungskreis für Kindergottesdienste zum sogenannten »Emmaus-Gang« führten, waren am Anfang ganz praktischer Art. Wir gehen mit den Kindern in unserer Gemeinde einen recht intensiven Weg in der Passions- und Osterzeit. Beim höchsten Fest unseres Kirchenjahres aber bleiben viele Kinder einfach weg, weil die Osternacht zu spät oder zu früh ist und der Ostersonntag durch das feierliche Hochamt geprägt ist. Da ist wenig Platz für eine kindgemäße Verkündigung der Auferstehung Jesu Christi.

Also, die logische Folgerung, bleibt uns (nur) der Ostermontag, der Tag, an dem das Evangelium von den Emmaus-Jüngern seinen festen Platz hat. Und in diesem Text konnten wir uns gut wiederfinden, denn eigentlich kennt jeder von uns solche Situationen der »Blindheit« und »Niedergeschlagenheit« in seinem Leben. Jeder hat schon persönliche Enttäuschungen oder Verluste erlitten.

Spannend war der Austausch darüber, wer oder was uns wieder aufgebaut hat, welches Ereignis oder welche Begegnung die »Wende« gebracht hat. Solche Situationen und Begegnungen kann man natürlich nicht künstlich zu einem bestimmten Zeitpunkt inszenieren. Aber trotzdem hatte uns die Idee gepackt, uns doch einfach zu Ostern, mit unseren Familien, auf den Weg zu machen, um zu sehen und vor allem zu erfahren, was die Emmaus-Jünger erlebt haben: Begegnung mit dem auferstandenen Christus.

Die Grundstruktur, die wir gemeinsam entwickelt haben, ist recht einfach und orientiert sich an der biblischen Überlieferung. In den ersten Jahren unseres Emmaus-Ganges haben wir uns an der Kirche getroffen und haben nach ca. einstündigem Fußweg an einem geeigneten Ort im Freien Eucharistie gefeiert. Die Gemeinde wurde eingeladen, mit dem Auto nachzukommen.

Da es zunehmend schwieriger wurde, einen Priester zu finden, der mit uns den Gottesdienst feierte, haben wir im letzten Jahr zum ersten Mal außerhalb der Kirche begonnen, haben den Wortgottesdienst unterwegs gehalten und sind mit unseren Fürbitten zum Gemeindegottesdienst dazu gekommen.

Beide Möglichkeiten sind reizvoll, wobei die Eucharistiefeier »unterwegs« mehr dem Aufbruchcharakter dieses Tages und des Evangeliums entgegenkommt, das sich einbinden in den Gottesdienst in der Kirche und mit der Gemeinde eher dem verbindenden Gedanken der Eucharistie und dem alltäglichen Lebensvollzug.

Nach einer gemeinsamen Einstimmung haben wir uns in einer Besinnung nach eigenen, persönlichen Enttäuschungen und Belastungen gefragt und diese auf Zettel notiert. In einem Zweiergespräch konnte, wer wollte, bis zur nächsten Station mit einem Menschen seines Vertrauens darüber sprechen. Es war aber auch möglich alleine zu gehen, im Zwiegespräch mit Jesus.

Danach folgte, nach dem Lesen des Evangeliums der Emmaus-Jünger, ein persönliches Gespräch über Begegnungen, die mich aufstehen lassen, ehe wir am Ende unseres gemeinsamen Weges alle unsere Sorgen und Nöte, die auf Kärtchen geschrieben waren, an ein großes Netz klammerten, welches wir gemeinsam in die Kirche getragen haben.

Nach der gemeinsamen Eucharistiefeier mit der ganzen Gemeinde haben wir noch ein zwangloses Picknick veranstaltet, zu dem jeder selbst mitbrachte, was er zum Essen und Trinken brauchte.

Für mich persönlich ist das Überzeugende an diesem Emmaus-Gang die Erfahrung: Gott geht mit mir und er richtet mich wieder auf. Er macht meinen Blick wieder klar und frei für die großen Zusammenhänge meines Lebens und meines Glaubens.

HERBERT KOHL

3. Gedanken zum Weißen Sonntag

Für Gottesdienste, in denen nicht Erstkommunion gefeiert wird
(zu Joh 20,19-31)

»Die Menschen heute bauen keine Häuser mehr, sie bauen Verstecke.«
(Henning Mankell, »Der Chronist der Winde«)

Ist eigentlich wirklich Thomas der »Ungläubige«? Oder kann es nicht auch sein, dass eigentlich die Jünger die Ungläubigen sind, die sich aus Angst hinter verschlossenen Türen verstecken? Nichts von missionarischem Gottvertrauen – nur Thomas wagt es, den Schutz der Gruppe zu verlassen ... und wo mag er wohl gewesen sein?

Auch wir verstecken uns heute immer wieder – vor den anderen, vor uns selbst, vor Gott. Wir bauen keine Häuser mehr, sondern Verstecke – um nicht gefunden, nicht erkannt zu werden.

»Mein Vater war ein sehr kluger Mann,« sagte Nelio, der zehnjährige afrikanische Straßenjunge aus dem Roman »Der Chronist der Winde«. »Er lehrte mich, zu den Sternen aufzuschauen, wenn das Leben schwer war. Wenn ich den Blick dann wieder auf die Erde senkte, war das, was eben noch übermächtig war, auf einmal klein und einfach.«

Wer sich in Verstecke flüchtet, wer Türen und Fenster hinter sich zumacht, für den mag es schwer sein, zu den Sternen und zum Himmel aufzuschauen. Der verliert den Blick für die Weite und verliert sich stattdessen in seinen Ängsten, dem wird es eng. Derjenige, der vertraut und glaubt, der bewahrt sich den Blick für die Weite des Himmels – und der kann in offenen Häusern der Liebe und des Vertrauens wohnen.

Gott liebt sich durch

In Märchen wird Unmögliches möglich – der Frosch wird zum Prinz, das tapfere Schneiderlein besiegt die Riesen, und ein Fuchs kann sprechen. Und schnell tun wir in unserer aufgeklärten Zeit Märchen als Märchen ab ... das kann so doch gar nicht gewesen sein ...

Aber in Märchen ist eine andere Ebene von Wahrheit enthalten als die objektiv messbare oder beschreibbare – und gerade das macht ihren Zauber aus. Und auch heute kann man immer wieder Märchen erleben, z.b. wenn eine junge Frau sich durch die Liebe aus einem unscheinbaren hässlichen Entlein in einen wunderschönen Schwan verwandelt ...

Es gibt eine Ebene in unserem Leben, die für unseren Verstand nicht nachvollziehbar ist – und die trotzdem existiert. Liebe und Freundschaft sind wissenschaftlich nicht beweisbar – und es gibt sie trotzdem.

Die Türen waren verschlossen – und Jesus ging hindurch. Ob und wie Jesus das konkret hinbekommen hat, darüber will Johannes objektiv gar nichts sagen. Er will mit diesem Bild seiner subjektiven Erfahrung Ausdruck verleihen, dass der Auferstandene selbst durch die verschlossenen Türen meines Lebens hindurchgehen kann – wenn er nur will.

Mitten in all meiner Verschlossenheit kann Gott in mein Leben einbrechen, kann durch verschlossene Türen gehen, kann mich berühren ...

Er liebt sich zu mir hindurch ...

Durch seine Wunden sind wir geheilt

Gott bewahre uns vor der Hornhaut der unheilbar Gesunden, vor jenem Menschentyp, vor dem selbst der Geist Gottes ratlos steht und keinen Eingang findet, weil alles mit bürgerlichen Sicherheiten und Versicherungen verstellt ist. *Alfred Delp*

Wer sich auf das Leben einlässt, der kommt nicht unverletzt davon, der wird vom Leben gezeichnet. Das sind zum einen körperliche Verletzungen, aber, oft viel schwerwiegender, auch seelische Verletzungen: Eine unerwiderte Liebe, Einsamkeit, Trauer, Angst, Scheitern ...

Diese Verletzungen lassen in uns eine Sehnsucht nach »Heil-Sein« wachsen. Mit dieser Spannung, dieser Grundgebrochenheit des »unheil« seins und der Sehnsucht nach Heil müssen wir leben lernen, wir können davor nicht fliehen. Wir müssen lernen, unsere Verletzungen zuzulassen und doch der Sehnsucht zu vertrauen.

Vielleicht bergen unsere Verletzungen aber auch eine Chance in sich: Wenn einer ganz und gar »heil« wäre, der bräuchte nichts mehr. Wer die Gebrochenheit und den Mangel erlebt, der wird empfänglich für Zeichen der Nähe und der Zuwendung.

Leid und Schmerz können Einfallstore für die Liebe Gottes sein. So sagt Jean Vanier, der Begründer der Arche-Bewegung: »Unsere Zerbrochenheit ist die Wunde, durch die die ganze Kraft Gottes unser Wesen durchdringen und uns in ihn verwandeln kann. Wir müssen vor der Einsamkeit nicht davonlaufen, sie soll uns vielmehr zu dem Ort werden, von dem aus wir zu Gott aufschreien, wo er uns findet und wir ihn. Ja, durch unsere Verletzungen kann die Kraft Gottes uns durchdringen und zu Strömen lebendigen Wassers werden, das die dürre Erde in uns tränkt.«

Es geht nicht um eine Verherrlichung des Leids oder gar darum, es absichtlich herbeizuführen. In unserem Leben gibt es Leid genug – und gerade darin brauchen wir die Nähe eines Gottes, der uns Heilung zusagt.

Es ist eine Nähe, die nicht von oben herab kommt, sondern es ist die Liebe desjenigen, die Leid, Schmerz und Tod kennt, es ist die Liebe des Gekreuzigten. Es ist die Liebe, die uns unser Kreuz nicht wegnehmen kann, aber sich solidarisch mit unter mein Kreuz stellt und bei mir ausharrt. Es ist die Liebe desjenigen, der uns durch den Tod zur Auferstehung vorausgegangen ist und uns auffordert: Folge mir nach!

Diese Solidarität geht soweit, dass auch der Auferstandene die Wundmale an seinem Körper trägt, ja dass sie sogar zu seinem Erkennungsmerkmal werden. Auch er ist von der Gebrochenheit gekennzeichnet – und ist doch zugleich der Beweis dafür, dass das Leben stärker ist als der Tod.

ANDREA SCHWARZ

4. »Ostern erfahren – durch Leben und Tod mit Jona«

Eine Eucharistiefeier für Schüler und Schülerinnen der
Klassen 11 bis 13

Begrüßung: Nach einem Eingangslied werden die Teilnehmer mit einem Totenschädel (den man z.b. in der Biologie-Sammlung einer Schule ausleihen kann) begrüßt:

Der Tod ist in unserem Leben immer gegenwärtig (konkrete Beispiele anführen, auch aus der eigenen Gemeinde, der eigenen Stadt). Wir werden hin- und hergerissen zwischen Tod und Leben – und erleben dies in der Osterzeit besonders krass mit den Halleluja-Rufen und der trotzigen Behauptung des Lebens einerseits und der konkreten Erfahrung andererseits, dass es den Tod doch immer noch gibt.

Bei *meditativer Musik* werden die Teilnehmer eingeladen, ihrem persönlichen Erleben in der letzten Zeit und dieser Spannung nachzuspüren.

Bildbetrachtung: »Jona im Fisch« von Walter Habdank

Lesung: Jona 2,1-11

Lied: »Suchen und fragen«

Evangelium: Joh 20,24-29 (Die Begegnung zwischen Jesus und Thomas)

Gedanken dazu: »Zeig mir deine Wunden!« – »Hier sind sie!« – Ostern wird es nicht neben unserem Leben, neben unseren Fragen, sondern nur durch sie hindurch. Das Suchen und das Fragen bleibt, aber nur der Gottsuchende, der zugleich Fragender und Klagender ist, ist ein Glaubender – nicht der, der schon meint, alles ein für allemal gefunden und geklärt zu haben.

Die Fürbitten werden symbolisch in die Gabenbereitung mit hinein genommen.

Lied: »Manchmal feiern wir mitten im Tag ...«

HARALD POGGEL

Walter Habdank »Jona im Walfisch«. 1960. Holzschnitt

Ausgespannt

fasziniert vom Geheimnis
und bedroht von der Angst
ahnend um Wandlung
und nicht wissen wohin
erfüllt von der Liebe
an Grenzen kommen
ein du ein wir
und doch allein
Fülle des Lebens
im Dunkel der Nacht
Brot und Wein
und unstillbare Sehnsucht
Hingabe wird
Zumutung
ein schrecklicher Engel
tröstend
kein wenn und aber
ganz oder gar nicht
ich glaube Gott
und bin doch so sehr Mensch
und habe Angst
und will nicht zurück

im Zeichen des Kreuzes
ausgespannt
zwischen Himmel und Erde
Gipfel und Abgrund
Hoffnung und Angst
Gewissheit und Zweifel
Zusage und Aufgabe
Kraft und Grenze

unsagbar stark
und

unsagbar berührbar

ANDREA SCHWARZ

5. Wortgottesdienst zu 1 Kor 15,1-8

(am Fest der Hl. Apostel Philippus und Jakobus, 3. Mai)

Eingangslied: Gotteslob Nr. 642 »Eine große Stadt ersteht«

Eröffnung: Lasst uns diesen Gottesdienst im Namen dessen beginnen, der unser Leben und unsere Lebendigkeit will: Im Namen des Vaters ….

Am Ende dieses Tages vor Gott zusammen kommen …
Am Ende dieses Tages, das, was uns beschäftigt, vor Gott bringen ….
Am Ende dieses Tages sich in ihm die Kraft holen, sich von ihm segnen lassen, um dann neu den Weg zurück in den Alltag zu gehen – dazu sind wir jetzt hier zusammen gekommen …
Sich in die Gemeinschaft mit Gott hineinzustellen, sich unter Gottes Wort zu stellen, das kann uns helfen, uns neu zu orientieren, unsere Schritte neu auf das Leben und die Lebendigkeit hin auszurichten.

Zum Tagesgebet: Guter Gott, sei bei uns, wenn wir jetzt vor dir stehen. Sei du der Grund, aus dem wir sind. Sei du der Boden, der uns trägt. Darum bitten wir dich ….

Lesung: 1 Kor 15,1 – »Ich erinnere euch, Brüder und Schwestern, an das Evangelium, das ich euch verkündet habe. Ihr habt es angenommen; es ist der Grund, auf dem ihr steht.«
Die Lesung wird nach dem ersten Vers unterbrochen!

»Es ist der Grund, auf dem ihr steht!« Ich möchte diejenigen, die dazu bereit sind und es möchten, einladen, dies jetzt einmal nicht nur zu hören, sondern auch leibhaftig nachzuvollziehen.

Nehmen Sie sich wahr, wie Sie da sitzen, wenn es Ihnen hilft, dann können Sie gerne die Augen schließen. Welchen Kontakt haben Sie zum Boden? Stehen Ihre Füße auf dem Boden? Oder ist es vielleicht doch eher das »Hilfsmittel Stuhl«, das Sie trägt? Können Sie frei atmen oder sind Sie eher in sich zusammengesunken? Was können Sie bei sich spüren?

Stellen Sie sich jetzt bitte vor, dass Sie gleich aufstehen werden. Was vermuten Sie, wird anders sein? Und wie würden Sie gerne stehen?

Wenn es für Sie an der Zeit ist und dies auch möchten, dann lade ich Sie ein aufzustehen. Stellen Sie sich auf beide Füße, nehmen Sie mit Ihren Füßen den Grund wahr, der Sie trägt. Geben Sie Ihre Last, das, was Sie bedrängt, ruhig an diesen Grund ab – der trägt und hält das aus. Erden Sie sich, nehmen Sie Kontakt auf zur Erde, zum Grund, zum Boden. Wurzeln Sie sich regelrecht hinein, suchen Sie sich einen festen Stand.

Und wenn Sie fest stehen, dann recken Sie sich zugleich in die andere Richtung – dem Himmel entgegen – ohne den Kontakt zum Boden zu verlieren. Strecken Sie sich aus zwischen Himmel und Erde – und spüren Sie dabei, wie Sie sich aufrichten, wenn Sie sich ausrichten. Bleiben Sie einen Moment so ganz bewusst stehen, den Boden unter den Füßen, über Ihnen den Himmel – und nehmen Sie sich wahr. Und wenn Sie das Gefühl haben, dass es für Sie an der Zeit ist, dann nehmen Sie bitte wieder Platz und spüren dem noch einen Moment nach.

Lesung: 1 Kor 15,1-8 (jetzt wird der Text ganz gelesen)

Das Evangelium ist der Grund, auf dem wir stehen. Der Grund, dass wir in unserem Leben, mit unserem Leben hinstehen können, ist der Glaube an den auferstandenen Christus, der uns aus unserer Geducktheit hin zum aufrechten Stand, zum aufrechten Gang führen will.

So lasst uns jetzt miteinander das Lied von seiner Auferstehung singen – und lasst uns dazu aufstehen.

Gotteslob: Nr. 220, 3.-5. Str. »Das ist der Tag, den Gott gemacht«

Evangelium: Joh 14,6-14 (»Ich bin der Weg, die Wahrheit und das Leben!«)

Fürbitten: werden frei formuliert

Schlussgebet: Guter Gott, du bist der Grund unseres Lebens, du bist der Boden, auf dem wir stehen. Durch dein Wort schenkst du uns die Kraft, uns aufzurichten und dem Leben entgegenzugehen. Sei bei uns auf diesem Weg, verlass uns nicht. Darum bitten wir dich ...

ANDREA SCHWARZ

6. Dritter Sonntag nach Ostern

Gestaltung eines Gottesdienstes (für das Lesejahr A)

Die Osterzeit mit ihren Texten und der Hinführung zu Pfingsten eignet sich in besonderer Weise dazu, die Nachfolge der Christen und damit auch die Kirche und ihre Aufgaben in den Blick zu nehmen. Dieser Gottesdienst will dazu einladen, anhand der liturgischen Gewänder des Priesters über die Bedeutung dieses Amtes und seine Aufgaben nachzudenken.

Der Priester zieht in normaler Straßenkleidung ein.

Nach dem Eingangslied werden die Gottesdienstbesucher gebeten, Platz zu nehmen.

Der Priester liest dann am Ambo die ersten drei Verse des Evangeliums:
In jener Zeit offenbarte sich Jesus den Jüngern noch einmal. Es war am See von Tiberias, und er offenbarte sich in folgender Weise. Simon Petrus, Thomas, genannt Dídymus – Zwilling -, Natanael aus Kana in Galiläa, die Söhne des Zebedäus und zwei andere von seinen Jüngern waren zusammen. Simon Petrus sagte zu ihnen: Ich gehe fischen. Sie sagten zu ihm: Wir kommen auch mit. Sie gingen hinaus und stiegen ins Boot. Aber in dieser Nacht fingen sie nichts. *(Joh 21,1-3)*

Es ist dunkel um uns. Die Menschen haben die Hoffnung verloren und kehren zum Alltag zurück, jeder auf seine Art und Weise. Jesus, der Messias, der Hoffnungsträger eines versklavten Volkes, ist weg – tot. Da bleiben nur die Erinnerungen an die miteinander verbrachten Tage auf (ich wäre für »in« – aber ich häng nicht dran) den Feldern von Galiläa, an diesen Menschen mit seiner eigenartigen Sprache und seinen nicht zu verstehenden Geschichten. Aber auch wenn sie ihn oft nicht verstanden haben, so haben sie ihn doch geliebt. Und dann die Erinnerungen an seinen Tod, an die Kreuzigung – Blut und Hass und Gewalt – und das Geschrei des Volkes »Kreuzige ihn!«. Und die Jünger – sie hatten Angst, was mit ihnen geschehen würde, haben sich in alle Winde verstreut – jeder mit seinen Erinnerungen.

Eine Zeit des Dunkels, eine Zeit der Hoffnungslosigkeit – und die Farbe solcher Zeiten ist schwarz. Die Farbe der Menschen ohne Hoffnung ist schwarz, so wie die Farbe der Trauer.

Priester zieht die Soutane an.

Das Schwarz der Soutane, ursprünglich für das »Vornehme« reserviert, kann heute auch als Zeichen der Solidarität mit all den Menschen, die im Dunkel, in der Trauer, in der Hoffnungslosigkeit leben, verstanden werden.

Gebet:
Herr, unser Gott! Auch wir geraten immer wieder in Zeiten des Dunkels, in Zeiten der Hoffnungslosigkeit. Wir verlieren den Glauben und lassen uns mit unseren Erinnerungen in alle Winde verstreuen. Wir lassen uns lähmen und vergessen dabei das Leben. Deshalb lasst uns miteinander bekennen:

Schuldbekenntnis

Tagesgebet (kein Gloria!)

Petrus, der Jünger, der Jesus verleugnet hat und darunter zu leiden hat, spricht jetzt zu uns:
Lesung (durch den Lektor)): Brüder und Schwestern! Wenn ihr den als Vater anruft, der jeden ohne Ansehen der Person nach seinem Tun beurteilt, dann führt auch, solange ihr in der Fremde seid, ein Leben in Gottesfurcht. Ihr wisst, dass ihr aus eurer sinnlosen, von den Vätern ererbten Lebensweise nicht um einen vergänglichen Preis losgekauft wurdet, nicht um Silber oder Gold, sondern mit dem kostbaren Blut Christi, des Lammes ohne Fehl und Makel. Er war schon vor der Erschaffung der Welt dazu ausersehen und euretwegen ist er am Ende der Zeiten erschienen. Durch ihn seid ihr zum Glauben an Gott gekommen, der ihn von den Toten auferweckt und ihm die Herrlichkeit gegeben hat, so dass ihr an Gott glauben und auf ihn hoffen könnt. *(1 Petr 1,17-21)*

Antwortgesang

Evangelium (durch den Priester am Ambo):

Als es schon Morgen wurde, stand Jesus am Ufer. Doch die Jünger wussten nicht, dass es Jesus war. Jesus sagte zu ihnen: Meine Kinder, habt ihr nicht etwas zu essen? Sie antworteten ihm: Nein. Er aber sagte zu ihnen: Werft das Netz auf der rechten Seite des Bootes aus, und ihr werdet etwas fangen. Sie warfen das Netz aus und konnten es nicht wieder einholen, so voller Fische war es. Da sagte der Jünger, den Jesus liebte, zu Petrus: Es ist der Herr! Als Simon Petrus hörte, dass es der Herr sei, gürtete er sich das Obergewand um, weil er nackt war, und sprang in den See. *(Joh 21,4-7)*

Glorialied

Priester zieht die weiße Albe an.

Die Farbe schwarz wird mit einer weißen Albe überzogen. Das Schwarz der Nacht und der Hoffnungslosigkeit wird vom Licht umhüllt – und nimmt doch das Dunkel nicht weg. Immer dann und dort, wo wir den Herrn erkennen, fällt Licht in unser Dunkel – und dann wagen wir den Sprung.

Es ist Petrus, der den Sprung wagt. Es ist Petrus, der einfache Fischer, der sündige Mensch, der von Johannes sogar noch »draufgestupst« werden muss, dass es der Herr ist. Es ist Petrus, der den Auftrag bekommt, die neue, kleine zerbrechliche Kirche zu leiten und zu führen, und das eben nicht, weil er ein Theologiestudium absolviert hat, sondern wegen seines gesunden Menschenverstandes, seinem tatkräftigen Zupacken, seiner Liebe. Einer Liebe, die etwas wagt – einfach in den See zu springen (aber dabei noch daran zu denken, das Obergewand anzuziehen!) – das Schwert zu ziehen, um Jesus zu verteidigen – über das Wasser zu gehen – seine Familie zu verlassen, um Jesus zu folgen – und um letztendlich am Kreuz zu sterben, aber mit dem Kopf nach unten, weil er sich nicht als würdig empfand, so zu sterben, wie sein Herr gestorben ist. Es war aber auch Petrus, der Jesus verleugnet hat – und der dennoch den Auftrag bekommt, diese Kirche zu führen.

Wenn wir nun unseren Glauben miteinander bekennen, dann schließt dies auch ein, dass wir bereit sind, den Sprung zu wagen und unseren Auftrag in der Gemeinschaft der Glaubenden anzunehmen.

Evangelium:
Dann kamen die anderen Jünger mit dem Boot – sie waren nämlich nicht weit vom Land entfernt, nur etwa zweihundert Ellen – und zogen das Netz mit den Fischen hinter sich her. Als sie an Land gingen, sahen sie am Boden ein Kohlenfeuer und darauf Fisch und Brot. Jesus sagte zu ihnen: Bringt von den Fischen, die ihr gerade gefangen habt. Da ging Simon Petrus und zog das Netz an Land. Es war mit hundertdreiundfünfzig großen Fischen gefüllt, und obwohl es so viele waren, zerriss das Netz nicht. *(Joh 21, 8-11)*

Priester legt die Stola an.

Die Stola ist das Zeichen des geweihten »Amtsträgers«. Sie ist den Diakonen und Priestern vorbehalten, die in besonderer Weise Mittler zwischen Gott und Mensch sein sollen. Es sind Menschen, die sich mit ihrer Lebensform dafür entschieden haben, sich in Gottes Dienst zu stellen und damit in den Dienst der Menschen. Das sind diejenigen, die die Menschen heute dazu auffordern, die Netze mit den Fischen an Land ziehen – und die zugleich schon das Feuer bereitet haben. Das sind die Menschen, die da sind, wenn die anderen mit all ihren Sorgen und Nöten, den Enttäuschungen und Ängsten, ihren Freuden und Hoffnungen kommen – und die zugleich doch Mensch sind und oft genug diesem eigenen Anspruch nicht genügen.

Und doch – derjenige, der die Stola trägt, tritt zurück hinter dem und das, wofür diese Stola steht – dem Dienst für Gott. Er ist Stellvertreter – für Gott bei den Menschen – und für die Menschen bei Gott.

So lasst uns jetzt schauen, was wir in unseren Netzen haben und lasst es uns vor Gott bringen. So wie es auch Petrus getan hat, lade ich Sie ein, mit mir für die Menschen, unsere Gemeinde und unsere Kirche zu beten. Denn das ist unser Auftrag, ihm im Gebet zu dienen – und eben nicht zu verwalten und zu herrschen.

Fürbitten

Zu feierlichen Anlässen wurde früher über das Untergewand das Oberge-wand angelegt. Während die Stola z. B. auch beim Beichtgespräch vom Priester als Zeichen des priesterlichen Amtes getragen wird, so ist das Messgewand der Eucharistie vorbehalten. Es will die Aufgabe des Vorste-hers als Leiter der Versammlung hervorheben, der Versammlung der Gemeinde, in der auf dem Altar Brot und Wein zu Leib und Blut Christi werden.

Das Messgewand ist zwar ein Zeichen des priesterlichen Amtes, will aber kein Zeichen der Macht, sondern ein Zeichen des Dienstes sein. Dieser Dienst wird nicht »aus sich heraus« getan, sondern ist nur möglich aus dem Sakrament der Weihe heraus, das dem Priester diese Aufgabe verleiht und ihn dazu ermächtigt. Es ist ein Amt, das wahrgenommen werden soll im »für« und »mit« der Gemeinde, nicht aus einem »über« oder gar »gegen« die Gemeinde. Die oft kostbaren Gewänder wollen nicht die Person des Priesters hervorheben, sondern dem Geschehen am Altar die entsprechende Bedeutung und Würdigung verleihen.

Gabenbereitung

Vor dem Agnus Dei:
Jesus sagte zu ihnen: Kommt und esst! Keiner von den Jüngern wagte ihn zu fragen: Wer bist du? Denn sie wussten, dass es der Herr war. Jesus trat heran, nahm das Brot und gab es ihnen, ebenso den Fisch. Dies war schon das drittemal, dass Jesus sich den Jüngern offenbarte, seit er von den Toten auferstanden war. *(Joh 21,12 – 14)*

Vor dem Schlussgebet:
Die liturgischen Gewänder des Priesters haben eine spirituelle Bedeutung – und so wollen sie auch verstanden werden. Über dem Schwarz, das für die Gebrochenheit unserer Menschlichkeit steht, dem Zeichen der Soli-darität, leuchtet das Weiß, das Licht unserer Erlösung, der Verheißung, auf. Die Stola – das Zeichen derer, die zu einem Amt – und damit zu einem Dienst! – in der Kirche geweiht sind, das Zeichen derer, die in besonderer Weise die Nachfolge angetreten haben – und schließlich das

Messgewand als Zeichen und Ausdruck dessen, was wir miteinander in der Eucharistie feiern.

Es sind keine Zeichen der Macht, sondern sie wollen verstanden werden als Zeichen des Dienstes. Dazu muss der Priester bereit sein, wenn er diese Gewänder anlegt – und wenn er diese Gewänder trägt, dürfen ihn die Christen auch dazu einfordern.

ANGELO STIPINOVICH

7. Pfingstpredigt über die Kirche

Ich habe relativ oft auf Geburtstagen von Menschen, die ich gut kannte, gesprochen. Und bei der Vorbereitung dazu ist mir immer ein bisschen unbehaglich zumute. Denn natürlich will man an einem Geburtstag etwas Gutes sagen. Derjenige, der feiert, will mit Sicherheit etwas Gutes hören. Nicht nur Streicheleinheiten, nein, das mache ich nicht – aber es soll schon auch eine gewisse Würdigung seines Lebenswerkes sein: Es ist gut so. Und dann überlegt man bei solchen Vorbereitungen, was alles geschehen ist. Und dies wird dann entsprechend gewürdigt und ausgelegt. Dann gibt es ein bisschen Musik und schöne Worte – hoffentlich auch mit einem ernsten und aufrichtigen Sinn.

Aber bei dir, liebe Kirche, heute an deinem 1969. Geburtstag, weiß ich gar nicht, wo ich anfangen soll. Als du jung warst, wurdest du unterdrückt. Die Energie, die du hattest, die Freude, war von den Menschen damals gar nicht zu verstehen. Die Juden, eigentlich deine Freunde, haben dich nicht verstanden, weil du so ganz anders warst. Du hast Freude am Leben gehabt in einer Welt, die sehr ernst geworden war. Du wolltest nichts mit Gewalt zu tun haben in einer Welt, in der Gewalt regiert hat. Es waren schwierige Zeiten nach deiner Geburt. Aber dein Herz, der Heilige Geist, dein Herz hat dich getragen, dich mit Leben erfüllt, mit so viel Leben, dass alle Mächte der Unterwelt dich nicht besiegen konnten. Langsam, aber sicher wuchst du heran. Lächerliche drei- oder vierhundert Jahre – und plötzlich … bist du erwachsen geworden.

Eine mächtige Frau, gekleidet in aller Macht eines römischen Reiches. Macht und Gewalt ist dir geschenkt worden. In prächtigen Kleidern bist du durch diese Zeit geschritten, hast Kriege geführt, hast Kirchen gebaut. Ob diese Zeit dir gut bekam? Da entstanden zum ersten Mal diese kleinen Falten in deinem Gesicht. Dein Herz litt unter dem, was wir heute Stress nennen. Zu einem Herzinfarkt hat es nicht ganz gelangt. Aber du hättest damals viel besser auf dich Acht geben müssen. Man kann nicht sagen, dass damals alles nur schlecht war, nein, die Kraft und die Macht deiner Botschaft ist in dieser Zeit in alle Welt getragen worden.

Und deine Macht nahm kein Ende. Du wurdest größer und größer und mächtiger und prächtiger. Die Gebäude, die du dir gebaut hast, waren schöner und prunkvoller als je zuvor. Menschen haben ihr ganzes Leben gegeben, um Dome zu bauen – wie unseren Dom zu Mainz vor ungefähr eintausend Jahren. Und du bist immer noch nicht müde geworden.

Dann kam eine Zeit in deinem Leben, die du vielleicht auch gerne vergessen würdest. Ich habe den Eindruck, dass du dich zu dieser Zeit in deiner Geschichte etwas gelangweilt hast. Du wusstest nicht so recht, was du noch anfangen solltest. Die Welt gehörte schließlich dir – und wie manch eine mächtige und reiche Frau begannst du, dich zu verkaufen. Du hast die Sünden verkauft, hast Menschen unterdrückt – aber die Macht hast du behalten. Denn Wissen ist Macht.

So gingen unsere Vorfahren in eine Zeit, die auch heute noch als Dunkelheit bezeichnet wird. Und es hat lange gedauert, bis du erlaubt hast, dass wir daraus wieder hervortreten dürfen.

Was du heute begreifst, hast du damals noch nicht gewusst: Dass der Geist nicht mehr zu unterdrücken war, nachdem du ein Stück Herz geschenkt hast. Du hattest die Kontrolle verloren. Menschen fingen an zu denken. Ich erinnere dich nur an den armen Galilei. Er hatte recht. Du hast es trotzdem nicht erlaubt.

So schlimm, liebe Ekklesia, ist es mit dir geworden, dass Menschen sich von der getrennt haben. Der gewaltige Sturm der Reformation – sie haben buchstäblich protestiert. Diesmal waren die Falten in deinem Gesicht mit keiner Kosmetik wieder wegzuwischen, denn du hast dich in dir selbst gespalten. Gespalten – und diese Wunden spüren wir auch heute noch. Gott sei gedankt, danach bist du in dich gegangen.

Trotzdem – über noch einmal vierhundert Jahre war mit dir eigentlich recht wenig los … bis Johannes XXIII. entschieden hat, er müsse deinem Herzen einen Schrittmacher geben. Das altgewordene Herz hatte nicht mehr genug Tempo, es schlug nicht mehr richtig. Johannes öffnete alle Fenster und ließ den Geist Gottes wieder herein.

Und da sind wir nun heute, nur einige Jahrzehnte danach, und es ist noch gar nicht zu beurteilen, ob dieser Eingriff gelungen ist oder nicht. Der Herzschrittmacher des 2. Vatikanischen Konzils funktioniert schon – aber ob du ihn mit deinem Körper angenommen hast, das wissen wir noch nicht. Denn, liebe Ekklesia, die Zeiten haben sich geändert, und du musst dich wieder wandeln, musst dich ändern und formen lassen.

An dieser Stelle möchte ich nicht schweigen über all das Gute, das du bewirkt hast. Die unzähligen Menschen, die durch dich und in dir zum Heil gefunden haben, Menschen, die von dir, durch dich, die Begeisterung für ein Lebenswerk empfangen haben – ob ich nun vom Pfarrer von Ars rede oder von Mutter Teresa, von Johannes XXIII. oder Ignatius von Loyola.

Aber noch einmal ist es an der Zeit, sich zu wandeln und zu ändern. Wenn du so weitermachst wie momentan, befürchte ich, liebe Frau, dass du nie wieder auferstehen wirst. Du musst dich zu deinem Herzen bekennen. Zu deinem Herzen, dem Heiligen Geist, der dich lenkt und führt. Du darfst ihn nicht vernachlässigen.

Und so mag ich am Ende meiner Laudatio auf deinen 1969. Geburtstag dir eine kleine Geschichte vorlesen:

Es waren einmal zwei Eisblöcke. Das Verhältnis zwischen ihnen war sehr kühl, was nicht verwunderlich ist.

Der eine Eisblock bist du, liebe Kirche – und der andere bin vielleicht ich.

Der eine dachte: Warum kommt der andere nicht näher zu mir? Aber der Eisblock konnte nicht gehen und kommen. Da dachte der eine: Wenn der andere auftaut, taue ich auch auf. – Aber weil kein Eisblock von selbst auftaute, taute keiner von beiden auf. So geschah es, dass niemand auf den anderen zukam, und jeder noch mehr in sich vereiste.

Du, liebe Ekklesia, in dir – und ich in mir.

Nach Monaten – oder war es nach Jahren? – entdeckte der eine Eisblock eines Mittags – und das bleibt meine Hoffnung – als die Sonne strahlte, dass er schmelzen konnte, und er sah, dass er sich zu Wasser verflüssigte, und dass er doch noch er selbst war. Auch der andere machte diese wunderbare Entdeckung. Über die ganz alltäglichen Wassergräben flossen sie aufeinander zu. Sie begegneten sich. Zwar spürten sie ihre Kälte noch, aber auch ihre Schwachheit und ihren guten Willen, ihre eigene Not und die vom anderen. Sie fanden, dass sie einander nötig hatten und zusammen bleiben müssten.

Da kam ein Kind, und dann noch eines, und noch andere Kinder. Und die ließen kleine Schiffe auf dem großen, starken Wasser fahren. Sie hörten, dass die Kinder endlich wieder glücklich waren. Und diese Freude spiegelte sich wie eine Sonne im Wasser. (P. Cornelis)

Und so zum Schluss, liebe Kirche, mein Geburtstagswunsch für dich: Dass dein Herzschrittmacher des Zweiten Vatikanischen Konzils dich so entflammen möge, dass dieser Eisblock, der unsere Kirche manchmal geworden ist, ein wenig schmelzen möge, damit wir alle auf dem Wasser, in dem sich die Sonne spiegelt, noch einmal in Freude spielen dürfen.

So, liebe Ekklesia, und am Ende deiner Geburtstagsfeier mag ich nur noch eines sagen: Dass wir es eben sind, die einzelnen Zellen, die dich erneuern und zu neuem Leben erwecken. Ohne uns geht es gar nicht.

Ad multos annos.

ANGELO STIPINOVICH

(Die Geschichte von den zwei Eisblöcken ist zitiert nach B. Hintersberger, »Mit Jugendlichen meditieren«, Don Bosco Verlag 1983)

8. Betrachtung zum Pfingstfest
Meditation und Orgel

*Vorbereiten: Den Text des Liedes »Komm, Heilger Geist, der Leben schafft«
(Gotteslob Nr. 241) für alle Teilnehmer fotokopieren*

Zu Beginn Orgel: »Berceuse« (L. Vierne)
Begrüßung und Einführung:
Heute morgen haben wir in einem festlichen Gottesdienst das Kommen
des Heiligen Geistes gefeiert. Mit Musik und Texten wollen wir das Ereignis des Pfingstfestes ein wenig nachklingen lassen.

Wir legen unserer Besinnung den alten Pfingsthymnus Veni creator
spiritus – Komm Schöpfer Geist – zugrunde, den Rabanus Maurus, einst
Bischof von Mainz, um 809 gedichtet hat.

Zu Beginn hörten wir eine Berceuse von Louis Vierne, ein leichtes,
getragenes Orgelstück mit dem Charakter eines Wiegenliedes. Es birgt
den Wunsch nach Ruhe, den Wunsch, zur Ruhe zu kommen.

Damit versetzen wir uns noch einmal in die Situation der Apostel
nach der Himmelfahrt Jesu. Seine Jünger, zusammen mit den Frauen
und Maria, der Mutter Jesu – so heißt es in der Apostelgeschichte –
kehrten nach Jerusalem zurück und gingen in das Obergemach, um dort
im Gebet zu verharren. Jesus ist nun endgültig von ihnen gegangen. Aber
in ihnen beginnt schon zu leben, was ihnen zugesagt worden ist: »Ihr
werdet die Kraft des Heiligen Geistes empfangen, der auf euch herabkommen wird«, das waren die letzten Worte, die sie von Jesus gehört
hatten.

Das folgende Orgelstück will diese Spannung zwischen der Vergangenheit und der Erinnerung einerseits und der Zukunft und der Verheißung andererseits zum Ausdruck bringen.

Orgel: »Andante sostenuto« (H. Schroeder)

Orgel: spielt leise die 1. Verszeile des Hymnus »Veni creator spiritus«

Sprecher: Wir tragen den Keim dieser Verheißung längst in uns

Orgel: spielt ganz leise die 1. + 4. Verszeile des Hymnus

Komm, Heil'ger Geist, der Leben schafft,
erfülle uns mit deiner Kraft!
Dein Schöpferwort rief uns zum Sein:
nun hauch uns Gottes Odem ein.

Orgel: Komm, Gott, Schöpfer Geist (J. G. Walther)

Was Heiliger Geist ist, lässt sich nicht ohne weiteres in eine Definition kleiden. Was mit Heiliger Geist gemeint ist, drücken wir in unzähligen Aussagen und Bildern aus: Beistand, Schöpfer – also Leben Schaffender, Tröster, Licht, Wärme, Glut, Feuer, Sturm – um nur einige davon zu nennen. Auf jeden Fall erwirkt der Heilige Geist etwas in uns, etwas, das uns antreibt und stärkt, ja auch verwandelt.

Komm, Tröster, der die Herzen lenkt,
du Beistand, den der Vater schenkt:
aus dir strömt Leben, Licht und Glut,
du gibst uns Schwachen Kraft und Mut.

Orgel: Komm, Gott, Schöpfer Geist (J. G. Walther)

Dich sendet Gottes Allmacht aus
im Feuer und im Sturmes Braus …
Entflamme Sinne und Gemüt,
dass Liebe unser Herz durchglüht
und unser schwaches Fleisch und Blut
in deiner Kraft das Gute tut.

Der Heilige Geist ist wie Feuer. Feuer kann reinigen und erneuern. Gold z.B. wird im Feuer geläutert. So soll auch in uns alles verbrennen, was das Leben in uns behindert. In uns sind viele Trübungen, wie Bitterkeit, Unzufriedenheit, Kränkungen, Beleidigungen. All dies hindert uns am Leben. Deshalb brauchen wir das Feuer des Heiligen Geistes, das all das Getrübte in uns ausbrennt. Dann kann neues Leben in uns entstehen.

Feuer ist auch ein Bild für die Lebendigkeit. Gott schenkt uns im Heiligen Geist das Feuer, das Leben weckt, das die verloschene Glut wieder in uns entflammt und uns zu neuer Lebendigkeit entflammt.

Orgel: Komm, Heilíger Geist, der Leben schafft (Improvisation)

Dich sendet Gottes Allmacht aus
im Feuer und im Sturmes Braus;
du öffnest uns den stummen Mund
und machst der Welt die Wahrheit kund.

Der Heilige Geist ist wie ein Sturm. Der Sturm durchweht uns, bringt uns in Bewegung, macht uns hellwach für das, was um uns geschieht. Mit dem Sturm kommt etwas Neues und Frisches in uns hinein, so dass wir neu Mut fassen. Da erfüllt uns etwas so sehr, dass unser Herz voll ist, uns der Mund überfließt. Da spricht etwas in uns, das uns sprechen lässt.

Orgel: Improvisation zu »Der Geist des Herrn erfüllt das All« (Gotteslob Nr. 249)

Der Geist Gottes kann aber auch ganz leise zu uns kommen, im zarten Windhauch, in der Stille.

Der Heilige Geist selbst ist der »Odem«, der Atem Gottes. Und wenn wir diesen »Odem Gottes« in uns aufnehmen, dann nehmen wir Gottes heiligen und heilenden Geist in uns auf. Und in diesem Geist durchdringt uns die unendliche Liebe Gottes.

Orgel: »Air« (Joh. Seb. Bach)

Der Geist Gottes teilt sich in unzähligen Bildern mit. Nicht immer kommt er in Sturm und Feuersgluten. Auch sein stilles Kommen ist voller Kraft. Er kann wie eine liebende Umarmung sein, die dich festhält, trägt und stützt. Er kann dir ins Gesicht wehen und dich dazu zwingen, dass du dich stellst. Es kann etwas sein, das dir den Blick öffnet für das Leben, sei es nun freudig oder traurig. Er kann ein Schlüssel sein, der die Türen zum Geheimnis des Lebens öffnen kann.

Wenn wir uns von ihm umarmen, festhalten, erleuchten, öffnen und konfrontieren lassen – dann können wir zu einer Spur Gottes in dieser Welt werden

Orgel: Komm, Gott, Schöpfer Geist (J. G. Walther)

(Die Symbolbeschreibungen wurden erarbeitet in Anlehnung an A. Grün, »Die Osterfreude auskosten«, Vier-Türme-Verlag, Münsterschwarzach)
MARTINA SCHLAG

Meditation:

Die Farbe des Heiligen Geistes ist nicht zufällig rot. Rot ist die Farbe der Leidenschaft, der Liebe, des Feuers und des Bluts, das durch unsere Adern fließt.

Der Heilige Geist ist die Leidenschaft der Kirche. Erst an Pfingsten wurden die Jünger Jesu erfüllt mit den Drang, seine befreiende Botschaft in aller Welt zu verkünden. Ihre Leidenschaft besiegte ihre Angst. Die Leidenschaft in uns, die der Geist Gottes ist, ermöglicht es, über unsere Grenzen der Ängstlichkeit zu springen.

Der Heilige Geist ist der Geist Gottes – und Gott ist die Liebe. Die Liebe ermöglichte die Wunder, die von den Aposteln vollbracht wurden. Die Liebe ist die Kraft, die es heute noch möglich macht, Gott in allen und in allem zu sehen, denn die Liebe ist blind und achtet nicht auf das Äußere, sondern auf den wahren Kern eines Menschen.

Der Heilige Geist ist das Feuer, das uns Wärme und Trost in Not spendet. Feuer ist auch das Element, das scheinbar vernichtet, gleichwohl aber reinigt, damit das Neue entstehen kann.

Der Heilige Geist ist das Blut, dass durch die Adern der Kirche fließt. Der Kreislauf des Bluts erhält uns am Leben, es steht nicht still – genauso wenig wie der Heilige Geist in unserer Kirche.

Pfingsten – Geburtstag der Gemeinschaft der Kirche – und, im wahrsten Sinne des Wortes, Fest der Leidenschaft, der Liebe, des Feuers und des Lebens.

ANGELO STIPINOVICH

Feifer, Christina, Gemeindereferentin in Viernheim, St. Hildegard seit 1997, Studium an der KFH in Mainz 1991 – 1995, in dieser Zeit ehrenamtliche Tätigkeit im Diözesanverband der KJG Mainz, Assistenzzeit in Steinheim, St. Johann Baptist, gesendet im Juli 1997, verheiratet, ein einjähriger Sohn

Kohl, Herbert, geboren 1964 in Trösel(Odw.), Vater von drei Kindern und mit »Leib und Seele« Gemeindereferent in Viernheim, St. Michael

Krämer, Albin, geboren 1957, Pfarrer in den Leinacher Pfarrgemeinden seit 1987, Diözesanpräses der Katholischen Arbeitnehmerbewegung (KAB) und Leiter der Betriebsseelsorge in der Diözese Würzburg seit 1996

Poggel, Harald, Jahrgang 1965. Nach Kaplansjahren in Pfarrei und Jugendseelsorge arbeitet er zur Zeit als Religionslehrer und Schulpfarrer an einem katholischen Gymnasium in Darmstadt

Schlag, Martina geboren 1963, Gemeindereferentin in St. Marien, Viernheim, mit den Arbeitsschwerpunkten Sakramentenkatechese und schulischer Religionsunterricht; kirchenmusikalische Ausbildung

Schwarz, Andrea, geboren 1955, Industriekaufmann und Sozialpädagogin, lange Jahre ehren- und hauptamtlich in der katholischen Jugendarbeit tätig, pastorale Mitarbeiterin in den Pfarrgemeinden St. Hildegard und St. Michael in Viernheim, nebenbei freiberuflich tätig als Schriftstellerin und in der Aus- und Weiterbildung kirchlicher Mitarbeiter

Stipinovich, Angelo, geboren 1964 in Pretoria/Südafrika; zum Priester geweiht in der Diözese Mainz. Seit 1999 Pfarrer der Gemeinden St. Hildegard und St. Michael in Viernheim

Hinweis: Nicht immer ließen sich die Quellenangaben für einen Text ausfindig machen – und manchmal liegt auch der Ursprung einer Idee im Dunkeln: Ein Hinweis in dem Pfarrblatt einer anderen Gemeinde, eine Bemerkung auf einem Kalenderblatt, ein Gespräch abends mit Kollegen, vielleicht auch der Aufhänger in einer Predigthilfe, irgendwann mal gelesen, dann wieder vergessen. Sollte sich irgendjemand »zitiert« fühlen, ohne dass er/sie entsprechend als Quelle angegeben wurde, bitten wir um Entschuldigung und wären für entsprechende Hinweise dankbar.